Antoine et Consuelo de Saint Exupéry,

un amour de légende

Direction éditoriale
Laurent Beccaria
Rachel Grunstein

Conception graphique
et mise en page
Joseph Maggiori
Gwenola Couëdel

Corrections
Michèle Aguignier

Prises de vue
Philippe Fuzeau, à Paris.
Jérôme Pecnard, à Grasse.

Photogravure
Patrizia Tardito,
Arciel, Paris.

3, rue Rollin
75005 Paris
Tél. : 01 42 17 47 80
Fax : 01 43 31 77 97
arenes@arenes.fr
ISBN : 2-912485-85-1

Antoine et Consuelo de Saint Exupéry,
un amour de légende

Texte : Alain Vircondelet
Archives : José Martinez Fructuoso

les arènes
France info

Petites chroniques du ciel

L'aviation, les femmes, la littérature : les trois passions de Saint Exupéry transformaient en « jeune dieu » cet homme qui avait toujours du mal à caser son grand corps lourd et maladroit dans la carlingue des avions de chasse, ce poète qui avait toujours l'air malheureux lorsqu'il ne volait pas et qui avait besoin, comme Icare, d'échapper au labyrinthe de la vie quotidienne, à la routine de cette « dure vie basse » qui avait déjà tant déçu avant lui un autre romancier incandescent, Alain-Fournier, l'auteur du *Grand Meaulnes.*

En fait, l'aviation, les femmes et la littérature avaient un point commun : elles permirent à cet écorché vif de prendre la hauteur dont il avait besoin, comme de l'oxygène, pour échapper à sa sensibilité d'éternel enfant.

Consuelo ne fut pas comme les autres femmes croisées par le poète désenchanté. Elle devint sa rose en même temps que celle du Petit Prince. Il en fit sa femme dès leur première rencontre et, malgré plusieurs séparations, resta fidèle à cet amour qui ne voulait pas mourir. Consuelo, l'étrangère, la conteuse, l'exubérante, fut pour lui une passion fixe.

Pourquoi Saint Exupéry, son histoire d'amour et ses aventures aériennes nous touchent-ils autant, soixante ans après la mort de l'écrivain ? Cet homme souffrait « parce qu'il n'y a pas de vérité claire à donner aux hommes ». Albatros immobilisé, il est à notre image, très imparfait, un peu déboussolé, toujours entre le chagrin et l'amour fou. Un homme qui nous enseigne à quel point nous sommes « de notre enfance comme d'un pays ». C'est la leçon du Petit Prince.

Saint Exupéry avouait lui-même qu'il était fait pour être « jardinier ». Un jardinier de l'âme qui a su immortaliser la silhouette de l'enfance universelle et nous faire aimer la silhouette d'une femme fleur, dont la présence inimitable envahit chaque page de ce livre.

Le Petit Prince s'en est allé, tout comme sa rose. Mais lorsque vous cherchez à lire en vous-même, n'oubliez pas de scruter l'espace qui en est le miroir : vous y découvrirez peut-être dans le jeu des nuages, ou dans celui des étoiles, quelques mots écrits par ces deux amants de légende. Des petites chroniques du ciel, en quelque sorte…

Michel Polacco
Directeur de France Info

Dans le sillage de Consuelo

Vivre près de Consuelo de Saint Exupéry durant toutes ces années a été pour moi une expérience prodigieuse, riche en souvenirs et contacts humains. Elle conduisait sa vie comme les voitures, à grande vitesse, et s'occuper de ses affaires et de ses expositions tout en étant son confident m'a demandé souvent une grande énergie et une incommensurable disponibilité.

Je venais à peine de terminer mes études lorsque je l'ai rencontrée. J'étais venu en France pour perfectionner mon français grâce à une partie de l'héritage de ma mère, que j'avais perdue enfant et qui possédait des champs d'orangers à Murcia. À l'Alliance française, j'ai fait la connaissance du neveu de Consuelo qui m'a présenté à sa tante. Mais j'avais déjà entendu parler de Consuelo de Saint Exupéry par mon père, avocat, qui l'avait croisée en Espagne chez le marquis del Reguer.

En 1957, j'ai retrouvé Consuelo à Bruxelles où elle faisait une exposition. Son neveu était reparti chez lui et mourut subitement. Consuelo souhaitait avoir à ses côtés une personne pour l'accompagner, préparer ses expositions et s'occuper de ses affaires ; j'ai appris par la suite qu'elle en avait parlé à de nombreux amis. Par sympathie, je l'ai aidée à la fin de son exposition ; elle appréciait de pouvoir parler avec moi sa langue maternelle, qui était l'espagnol, comme la mienne.Je suis restée avec elle jusqu'à sa disparition, en 1979, et, encore aujourd'hui, ses vrais amis sont restés les miens.

Son magnétisme était évident. Elle était volubile, charmeuse et très volontaire. Elle travaillait énormément sa peinture, le plus souvent la nuit. Consuelo vivait à Paris mais aussi à Grasse, dans un mas qu'elle avait acheté à son retour des États-Unis avec les droits d'auteur de son livre *Oppède*, paru d'abord en anglais. Sa table était constamment ouverte. Ses amis étaient innombrables, tant elle avait vécu de vies. Nous rencontrions à Cadaques Salvador Dalí, mais aussi Marcel Duchamp qui, venu de New York pour la voir, passait l'été avec nous. Nous allions au restaurant La Musarde à Mougins pour écouter de la guitare en compagnie de Pablo Picasso… Ce furent des années heureuses et gaies.

Grâce à son fort accent espagnol, son humour, ses talents de conteuse, tout le monde était suspendu aux lèvres de Consuelo. André Villers, le photographe de Picasso, a dit d'elle cette phrase très juste : « Tout ce qu'elle disait ou faisait devenait poétique. »

Consuelo avait profondément aimé deux grands écrivains du siècle dernier, dont elle cultivait la mémoire. Le premier, mort dans ses bras, s'appelait Enrique Gomez Carrillo. Il était avec Ruben Dario et Amado Nervo l'un des trois écrivains les plus fameux de la littérature hispano-américaine. Cet homme de grande culture – il lui laissa une bibliothèque de plus de quatre mille volumes et a lui-même écrit quatre-vingt-sept livres – avait été un grand journaliste durant la guerre de 1914-1918, ce qui lui avait

valu la Légion d'honneur. Gomez Carrillo a beaucoup compté dans la formation littéraire et artistique de Consuelo, et c'est naturellement qu'elle demanda à être enterrée auprès de lui au Père-Lachaise, Antoine de Saint Exupéry n'ayant pas de sépulture.
L'auteur du *Petit Prince* demeurait cependant son sujet de prédilection. Elle le comparait à une nébuleuse, à un météore. Je me souviens encore de la manière inimitable dont elle prononçait et écrivait son diminutif : « Tonnio » avec deux «n», comme pour lui donner un caractère plus fort encore. Jamais je n'ai entendu Consuelo, au cours de ces années, dire du mal de son mari, et si, parfois, elle se plaignait d'une situation, elle trouvait toujours une excuse pour disculper Antoine.
Elle nous racontait, lors de longues soirées, ses aventures et ses déchirures, la passion volcanique qui la lia à cet homme hors du commun, dont elle devint la *Plume d'Or*, la *Pimprenelle*, la *fée*. Une partie de ses merveilleux souvenirs sont couchés dans ce manuscrit qu'elle écrivit et réécrivit durant des années, *Les Mémoires de la rose*, la rose unique du Petit Prince.
Consuelo laisse une œuvre considérable : peinture, sculpture, écriture. Elle s'était liée à New York au groupe des surréalistes dont faisaient partie Marcel Duchamp, André Breton, Max Ernst, Salvador Dalí. Dans le souvenir son mari, elle a sculpté des bustes et des Petits Princes étoilés.
L'empreinte d'Antoine de Saint Exupéry est profonde et Consuelo se devait de l'honorer. Avec Simone, la sœur d'Antoine qu'elle appréciait, elle discutait souvent des décisions à prendre sur telle ou telle proposition. Ces échanges lui tenaient à cœur. Toute sa vie, Consuelo a manifesté son désir de faire connaître la vie et l'œuvre de son « éternel mari ». Elle souffrait de l'occultation de leur mariage et des médisances que certains lui rapportaient. Mais elle savait, elle, la vérité, dont ses archives apportent le témoignage éclatant.

Consuelo et José Martinez (à gauche) aux Hauts-de-Cagnes à la fin des années 1950, en compagnie d'André Bonnet, archéologue français, ami de Consuelo.

C'est à moi maintenant, selon ses volontés, de poursuivre son élan. Je suis dépositaire d'une mémoire que je veux faire partager. Après avoir effectué, avec mon épouse, un grand travail de recherche, de tri et de classement parmi les malles et les armoires de documents laissés par cette femme d'exception, je suis heureux, en tant que légataire universel de Consuelo de Saint Exupéry, de dévoiler une partie de sa vie à travers quelques-unes de ses archives. Elle me disait qu'un jour ce patrimoine devait être dévoilé au monde entier.
Je veux espérer que de l'inaccessible étoile, où demeure aussi le Petit Prince, Antoine et Consuelo, enfin réunis, nous regardent avec bienveillance.

José Martinez Fructuoso

Sommaire

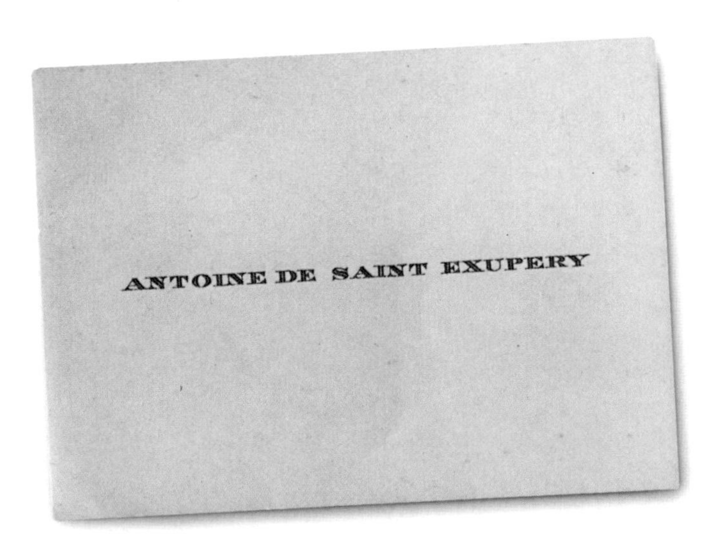

Antoine de Saint Exupéry écrivait toujours son nom de famille sans trait d'union. Nous avons respecté cet usage dans ce livre.

“J’ai hâte de redevenir un peu plus barbare, un jeune conquérant”
Antoine

Chef d’escale à Buenos Aires

A trente ans, Antoine de Saint Exupéry n’arrive pas à se défaire d’une enfance trop heureuse et du sentiment d’avoir été abandonné, « jeté dans le monde ». Malgré sa haute stature, sa carrure d’ours, sa jovialité légendaire, ses tours de cartes qui amusent le public, ses blagues, ses aventures amoureuses sans lendemain et ses allures de bon vivant, il traîne avec lui une mélancolie chronique, un sentiment d’exil, une secrète blessure confiée seulement à quelques proches. À Marie, sa mère, à Rinette, l’amie fidèle, à Louise de Vilmorin, sa fiancée qui a renoncé au mariage, à ses amis de Navale, il répète son mal d’être, son « dégoût d’une vie toujours provisoire », sa solitude. Il a en lui une violence à peine contenue, une énergie qu’il ne sait pas encore comment dispenser. La seule chose qu’il sache, c’est que la « vie courante a si peu d’importance » et que « la seule chose qui compte est la vie intérieure ». Sublimée par un imaginaire débordant, son enfance a été habitée par une mère possessive et aimante, par une tribu qu’il enchantait par ses contes et ses jeux, protégée par une maison qui était « provision de douceur ». À Buenos Aires, il confie encore, le cœur serré : « La chose la plus bonne, la plus paisible, la plus amie que j’aie jamais connue, c’est le petit poêle de la chambre d’en haut à Saint-Maurice. Jamais rien ne m’a autant rassuré sur l’existence. » Comment échapper au sentiment du « jamais plus » ?

Avant de rencontrer Consuelo, son parcours professionnel et sa vie sentimentale ont été jalonnés d’échecs, de doutes, de blessures affectives. Il prépare Navale en 1917 mais il est recalé à l’oral deux ans plus tard. Il tente les Beaux-Arts comme auditeur libre, section architecture, mais n’y donne pas suite. Il rêve d’être pilote militaire et effectue son service dans l’aviation, mais il est affecté au sol comme mécanicien. Il s’endette fortement pour prendre des leçons de pilote civil, mais, une fois apte à voler, ses premiers vols sont chaotiques, soldés par des accidents en série, inaugurant sa légende de pilote casse-cou. Il tombe amoureux d’une jeune aristocrate, Louise

Antoine de Saint Exupéry jeune homme.

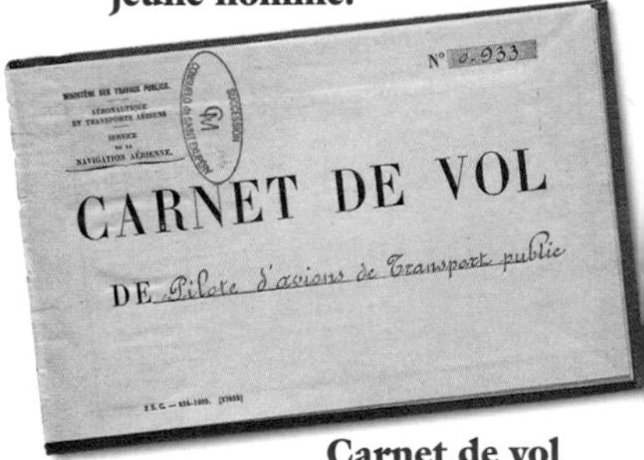

Carnet de vol de pilote civil appartenant à Saint Exupéry.

« J’ignore si le transport d’un sac postal vaut le risque d’une vie humaine, mais l’important est de savoir si l’homme que ces valeurs forment est un beau type d’homme ou pas. »
Antoine

Saint Exupéry et l'aviatrice Maryze Bastié.

de Vilmorin, rencontrée au temps de la bohème étudiante. Mais les fiançailles sont rompues par la frivole jeune fille à l'automne 1923.

C'est le premier grand désenchantement de Saint Exupéry. Il s'estime trop laid pour elle, désespère de la reconquérir, de jamais pouvoir être aimé... La douleur le poursuit pendant des années, abrupte : il en fera encore écho à sa mère, cinq ans plus tard : « Je rêve d'une existence où il y a une nappe, des fruits, des promenades sous les tilleuls, peut-être une femme...Tout ça, c'est si loin ! » Alors il reste « les Colette, les Paulette, les Suzy, les Daisy, les Gaby, qui sont faites en série et ennuient au bout de deux heures. Ce sont des salles d'attente ».

L'idée de voler le harcèle. Il écrit déjà, un peu, quelques nouvelles grâce sa bienveillante cousine Yvonne de Lestrange, qui tient un salon littéraire dans son hôtel particulier, quai Malaquais : il publie dans une revue *L'Aviateur* et *L'Évasion de Jacques Bernis*, qui seront repris dans *Courrier Sud*, son premier livre. En avril 1926, il entre à la Compagnie aérienne française où il donne des baptêmes de l'air. Il se fait recommander par son ancien directeur de l'école Bossuet, l'abbé Sudour, auprès de l'administrateur de la Compagnie générale d'entreprise aéronautique, fondée par Latécoère, et qui deviendra la Compagnie générale aéropostale.

Il rencontre l'exigeant directeur d'exploitation Didier Daurat à Toulouse. Il accepte la discipline de fer que ce dernier exige de ses hommes. Saint Exupéry parle alors de « noviciat » : il aime cette rigueur, cet ordre qui combat en lui sa bohème, sa désinvolture, son égocentrisme, sa manie de se lever tard... Il sera d'abord mécanicien, souillant ses mains dans le cambouis, avant de connaître l'ivresse des vols comme pilote sur la ligne Toulouse-Casablanca. Émouvant passage de *Terre des hommes*, où Guillaumet déplie les cartes et montre les obstacles ou les signes des hommes, « les trois orangers, qui, près de Guadix, bordent un champ ! » Apprivoiser sa « ligne ». « Créer des liens », dira le renard.

En octobre, Saint Exupéry est nommé chef d'aéroplace à Cap-Juby, dans le sud du Maroc. Daurat a décelé l'étonnant rayonnement de son pilote. Initiation à la nuit, aux étoiles, au silence. Régulièrement, des pilotes sont faits prisonniers, parfois tués quand les tribus dissidentes ne parviennent pas à obtenir de rançon. Saint Exupéry aime ces situations dangereuses. Il se frotte aux attentes menaçantes des Maures, il est le soldat du *Désert des Tartares*. Quelque chose de messianique en lui se révèle. Ses lettres ne cessent de répéter qu'il mène « une vie de moine ». À sa mère, il décrit sa baraque sur la plage : « C'est un dépouillement total. Un lit fait d'une planche et d'une paillasse maigre, une cuvette, un pot à eau. J'oublie les bibelots : la machine à écrire et les papiers de l'Aéropostale ! »

Marie de Saint Exupéry, la mère d'Antoine, avec qui il entretint une correspondance abondante.

« Je pars à l'aube pour Dakar, je suis bien heureux. C'est un petit voyage de 5 000 kilomètres. »

Antoine

Didier Daurat, chef de l'Aéropostale, donne sa chance à Saint Exupéry en l'envoyant d'abord à Casablanca, puis à Cap-Juby.

Départ d'un avion de l'Aéropostale.

Arrivée à Toulouse du courrier en provenance de Rio de Janeiro.

Saint Exupéry devant l'entrée du fort de Cap-Juby.

Courrier sud

« Juby, 1927

Quelle vie de moine je mène ! Dans le coin le plus perdu de toute l'Afrique, en plein Sahara espagnol.
Un fort sur la plage, notre baraque s'y adosse et plus rien pendant des centaines de kilomètres et des centaines !
Les avions passent tous les huit jours. Entre eux, c'est trois jours de silence...
Le marabout vient tous les jours me donner une leçon d'arabe. J'apprends à écrire. Et déjà je me débrouille un peu.
J'offre des thés mondains à des chefs maures. Et ils m'invitent à leur tour à prendre leur thé sous leur tente à deux kilomètres en dissidence, où jamais aucun Espagnol n'est encore allé. Et j'irai plus loin. Et je ne risquerai rien parce que l'on commence à me connaître. »

Antoine, lettre à sa mère.

Le groupe devant un avion de la Ligne. Lors de son séjour mauritanien, Saint Exupéry découvre avec émotion « la jeunesse de cœur, la confiance mutuelle, et l'esprit d'équipe » de la Ligne.

« Le voyage s'est bien passé à part une panne et l'avion écrasé dans le désert. »

Antoine

Le groupe de la Ligne à Cap-Juby, en 1928. De gauche à droite : Saint Exupéry, Dumesnil, Guillaumet, Léon Antoine et Marcel Reine.

Saint Exupéry, chef d'aéroplace, en compagnie du colonel Pena.
À Cap-Juby, Daurat a vite compris les talents de diplomate de Saint Exupéry. Ce dernier noue des liens étroits avec les chefs maures et négocie la libération de ses camarades faits prisonniers lors de raids de reconnaissance.

Les grands motifs de son œuvre future naissent de ce banc de sable, de sa solitude. Il découvre sa vraie vocation : rejoindre les hommes entre eux, « nouer le troupeau », « jouer sa peau avec une grande générosité », « servir ». À l'abri de sa cabane en tôle ondulée, avec comme seule table des cageots de bois, il écrit *Courrier Sud*. Notations brèves, phrases elliptiques. L'écriture est ressentie comme une mystique.

En mars 1929, il rentre en France, dépaysé, différent. Il se sent inexistant : « C'est comme si je n'étais pas là », dit-il. Il est néanmoins présenté à Gaston Gallimard, qui publie son récit avec droit de suite pour sept romans. Après s'être rendu à Toulouse pour faire des essais sur de nouveaux avions, des Laté 25 et 26, il accompagne sans enthousiasme Didier Daurat – brossé dans *Courrier Sud* sous les traits de Rivière –, Mermoz et Guillaumet à Buenos Aires pour créer de nouvelles lignes aériennes. « Je pars – hélas ! – pour l'Amérique du Sud », écrit-il, un peu mélancolique. Mais au cours de la traversée, il retrouve sa bonne humeur et fait le pitre avec les jeunes filles.

Si Buenos Aires ne lui plaît pas, l'Argentine l'enchante : les grands espaces de la pampa et l'immensité de la mer... Daurat le nomme directeur de l'Aeroposta Argentina. Pour Saint Exupéry, c'est enfin une reconnaissance importante et un poste très bien rémunéré : « Vingt-cinq mille francs par mois dont je ne sais quoi faire. » À sa mère, le 25 octobre, il écrit : « Je pense que vous êtes contente, moi, je suis un peu triste. Il me semble que ça me fait vieillir. » S'il s'avoue finalement fier de sa situation, c'est pour le plaisir que cela procure à sa mère : « Une belle revanche de votre éducation... »

Antoine a vingt-cinq ans.

« Je fais des inspections, des expériences, je reconnais des lignes nouvelles. »

Antoine

Lettre du 2 décembre 1929 de l'Aeroposta Argentina confirmant les fonctions de Saint Exupéry en Argentine.

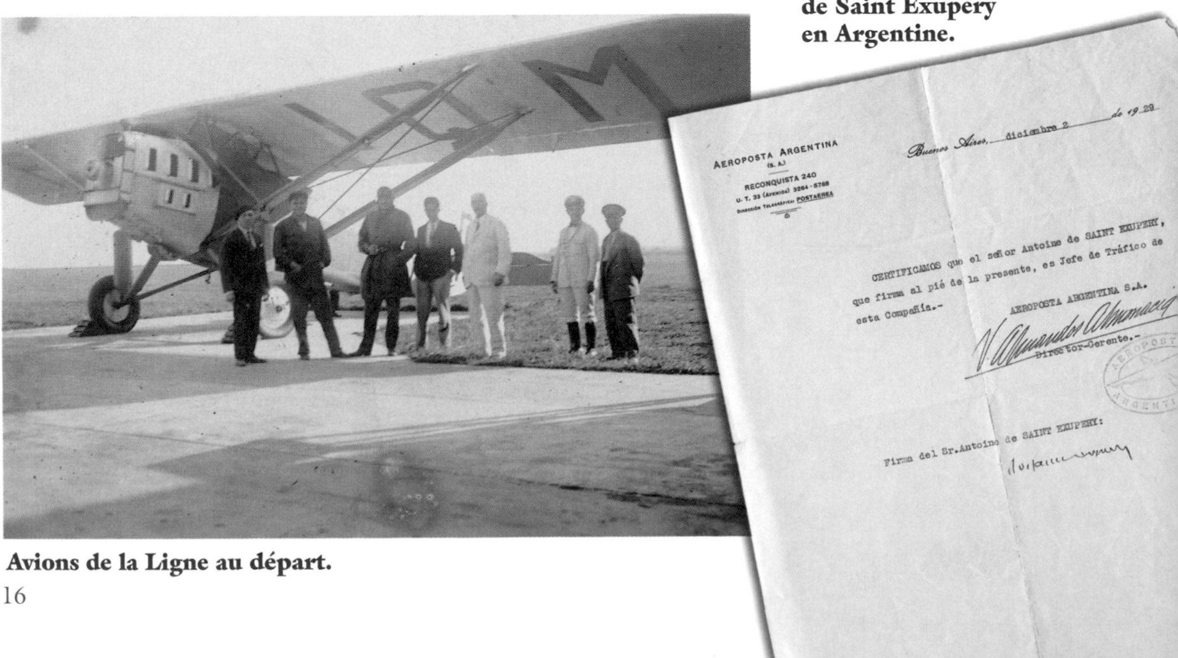

AEROPOSTA ARGENTINA
(S. A.)
RECONQUISTA 240
U. T. 33 (AVENIDA) 3264-5768
DIRECCIÓN TELEGRÁFICA: POSTAEREA

Buenos Aires, diciembre 2 de 1929

CERTIFICAMOS que el señor Antoine de SAINT EXUPERY, que firma al pié de la presente, es Jefe de Tráfico de esta Compañía.-

AEROPOSTA ARGENTINA S.A.

Director-Gerente.-

Firma del Sr.Antoine de SAINT EXUPERY:

Avions de la Ligne au départ.

Saint Exupéry et Guillaumet devant un Laté 28.
La rencontre entre les deux hommes est déterminante. Pilote expérimenté, Guillaumet donne de précieux conseils au jeune Saint Exupéry lors de ses débuts à Toulouse. Ensemble, ils sont de toutes les aventures de l'Aéropostale.

ACCIDENTS SUR TERRAINS D'ATTERRISSAGE

…IER	DATE	AVION	PILOTE	OBSERVATIONS
…vi	8/11/29	645	R.Gross	Fort vent retourne l'avion a l'atterrissage a - San Antonio Oeste.-
…obadom	29/12/29	644	Mac Leod	Fort vent retourne l'avion allant prendre son -timain.au départ de C.Rivadavia.-
Convoyage Président	3/4/30	915	S.Exupery	Avion perd une roue a l'atterrissage cause d'un choc avec une bosse sur le limite du terrain, ensuite le vent le retourne causant avaries importantes.-
Cobadom	14/9/30	645	Luro	Fort vent incline l'avión deja aun sol a S.A.O. avec avaries importantes.-
Riobumier	17/9/30	646	Gross	Atérrissage par fort vent l'avion touche brutalement le sol avec avaries.-
Bariovi	27/9/30	643	Irigoyen	Atterrissage par tres fort vent a C.Rivadavia - cause importantes avaries.-

Les comptes rendus de vols de la Ligne témoignent des dangers que prennent les pilotes au cours de leurs missions. Malgré la lourdeur des charges administratives, Saint Exupéry participe lui-même à la mise en place des liaisons postales d'Amérique du Sud.

Vol de reconnaissance au-dessus de la cordillère des Andes au bord d'un Potez 25.

À Buenos Aires, il a donc de l'argent, une mission, de l'autorité, et il travaille à un nouveau livre. Il a quelques vrais amis, les Guillaumet, d'abord, Julien de Pranville, le directeur général de la Compagnie, et sa femme, Mermoz, bien sûr. Il sort beaucoup, fréquente comme à son habitude les boîtes de nuit, les cabarets, les restaurants et les cafés. Il dépense jusqu'au dernier centime son salaire inespéré. Il apparaît aux autres comme un excentrique, un « clown », un désabusé. Il a loué un appartement au huitième étage d'un immeuble, Galeria Goemes, calle Florida, proche de ses bureaux.

Il éprouve, au plus profond de lui-même, la complexité de son caractère, sa dualité profonde. Il voit Buenos Aires comme un autre « désert » – « c'est une ville odieuse, sans charme, sans ressources, sans rien », c'est « une ville dont on est tellement prisonnier... sans campagne... On ne peut jamais sortir de la ville, écrit-il à sa mère. Il n'y a que des champs carrés, sans arbres, avec au centre une baraque et un moulin à eau en fer... » Ses responsabilités l'empêchent de voler autant qu'il le voudrait, car la seule chose qu'il aime vraiment c'est se perdre, dit-il, dans le ciel immense pour y tracer des routes... « Je fais des inspections, des expériences, je reconnais des lignes nouvelles. »

Quelquefois, cependant, il va jusqu'au détroit de Magellan, il traverse la cordillère des Andes dont il trace le feston des montagnes sur des cartes de pilotage qu'il dessine lui-même. Il aime rejoindre ces terres inexplorées qui lui donnent le sentiment d'être profondément libre. Piloter, donc, toujours piloter « dans ces nuits sans rivage », raccorder la terre et les hommes, porter le courrier à ceux qui n'ont pas de nouvelles de l'aimée, de l'enfant malade...

« Comme la cordillère des Andes est extraordinaire ! Je m'y suis trouvé à 6 500 m d'altitude à la naissance d'une tempête de neige. Tous les pics lançaient de la neige comme des volcans. »

Antoine

Sur des cartes qu'il annote, Saint Exupéry trace les itinéraires des nouvelles lignes de l'Aeroposta Argentina.

Permis de conduire argentin de Saint Exupéry.

Faire se rejoindre les petits bouts d'existence entre eux. Saint Exupéry aime cette violence de l'avion, cette exigence qu'il lui impose, cet amour exclusif, unique.

Malgré toutes ses responsabilités, il ne parvient pas à quitter le royaume enchanté de l'enfance. Avec cet aveu, immense, proche du désespoir : « Je ne suis pas sûr d'avoir vécu depuis l'enfance. » Quand il écrit à Marie de Saint Exupéry, il y a quelque chose de Proust racontant les peurs et les joies du petit Marcel avant de s'endormir : « Quand nous étions couchés, quelquefois vous chantiez en bas… ça nous arrivait comme les échos d'une fête immense… Quelquefois vous ouvriez la porte, et vous nous trouviez bien entourés d'une bonne chaleur… » C'est un enfant abandonné. Il écrit beaucoup à ses amis, leur confie sa mélancolie, cet ennui rivé au corps et au cœur, depuis toujours. Revient aussi dans ses lettres le désir de se marier, obsédant, lancinant… L'échec de ses fiançailles avec Louise de Vilmorin, qui s'est entre-temps vite consolée, n'est pas encore dissipé. « Je me suis cru un peu caressé, lui écrit-il, et j'en ai eu le cœur tout chaviré… » La nostalgie de la « tribu » familiale, le lien violent, jamais rompu, avec la mère, les femmes rencontrées qui ne seront jamais des épouses et des mères, l'incitent à privilégier une vision idéalisée du monde et des rapports humains.

La détresse intérieure, ce fond de pessimisme qu'il ne parviendra jamais à éliminer, demeurent, tenaces. Les lettres à son amie Rinette le prouvent régulièrement : « J'ai un réseau de 3 800 kilomètres qui me suce, seconde par seconde, tout ce qui me restait de jeunesse »… « Je me sens alourdi »… « J'étouffe »… Il écrit, mais peu, « le livre que je forme si lentement serait un beau livre ». Serait ou sera ? Il opte pour le conditionnel.

VOYAGES DE DEPANNAGES ET RECHERCHE DE …

PILOTE	ETAPE	Km.	TEMPS	OBSERVATIONS
S.Exupery	B.As-Sto.Tomé	730		Depannage de Buasmier
S.Exupery	B.As-Mendoza	980		Recherche Guillaumet
S.Exupery	Mdza-Mendoza	200	1h10	Recherche Guillaumet
S.Exupery	Mdza-San Carlos	105		Recherche Guillaumet
S.Exupery	San Carlos-Mza	105		Recherche Guillaumet
	[illegible]	980		Recherche Guillaumet

Lorsque Saint Exupéry apprend la disparition de Guillaumet au-dessus des Andes en juin 1930, il est de toutes les recherches.

Perdu dans les Andes

Au Luna Park de Buenos Aires. Antoine de Saint Exupéry, Noëlle et Henri Guillaumet.

« Tu avais disparu depuis cinquante heures, en hiver, au cours d'une traversée des Andes. Rentrant du fond de la Patagonie, je rejoignis le pilote Deley à Mendoza. L'un et l'autre, cinq jours durant, nous fouillâmes, en avion, cet amoncellement de montagnes, sans rien découvrir. Nos deux appareils ne suffisaient guère. Il nous semblait que cent escadrilles, naviguant pendant cent années, n'eussent pas achevé d'explorer cet énorme massif dont les crêtes s'élèvent jusqu'à sept mille mètres. Nous avions perdu tout espoir. […] Les Andes, en hiver, ne rendent point les hommes. »

Antoine,
Terre des hommes

Le Potez 25 de Guillaumet tel qu'il fut retrouvé par les équipes de sauvetage.

« Dix minutes plus tard, j'avais décollé. Quarante minutes plus tard, j'avais atterri le long d'une route [...] Ce fut une belle rencontre, nous pleurions tous et nous t'écrasions dans nos bras, vivant, ressuscité, auteur de ton propre miracle. »

Antoine

Les retrouvailles. Saint Exupéry accueille Guillaumet qui porte sur son visage la fatigue de six jours de marche à travers la Cordillère.

Chef d'escale à Buenos Aires

Le 13 juin, Guillaumet se perd dans la région glacée des Andes, la Laguna Diamante. Aussitôt les recherches se déclenchent. Tous les camarades partent à sa recherche. Saint Exupéry traverse à plusieurs reprises les Andes, tente de déceler dans la neige immaculée la moindre trace d'épave. En vain. Guillaumet, cependant, marche jusqu'à l'épuisement, six jours, parce qu'il faut bien tenir et être retrouvé, surtout, même mort. « Il me semblait, écrit Saint Exupéry dans *Terre des hommes*, non plus te chercher mais veiller ton corps. » Et puis au septième jour, alors qu'on le croyait disparu à jamais, la nouvelle surgit : « Guillaumet !... Vivant ! »

Saint Exupéry part, toutes affaires cessantes, et rejoint son ami, choqué, presque agonisant. Pas un mot ne sort de ses lèvres. Antoine le retient dans ses bras, l'embrasse, veut lui transmettre de sa force, de sa chaleur, et Guillaumet lâche enfin ce mot : « Ce que j'ai fait, je te le jure, jamais aucune bête ne l'aurait fait. » On dit que Saint Exupéry le veilla : que la douceur des lampes de Saint-Maurice et le petit poêle l'aidèrent à réchauffer son ami !

L'été se passe dans la joie de Guillaumet retrouvé. Mais Saint Exupéry éprouve des sentiments mêlés. Il y a la joie, certes, de voler au-dessus de la Cordillère, « une sensation de solitude prodigieuse », mais aussi une mélancolie profonde « d'être toujours si loin ». « Et pourtant, poursuit-il, je saurais si mal vivre en France. » Complexité de Saint Exupéry, mal-être, sentiment d'être délié des siens et de soi, d'avoir été, depuis la naissance, perdu dans le vaste monde.

Buenos Aires est un lieu sans âme, il n'y a rien d'autre à faire que dépenser, se perdre dans des boîtes avec de grandes femmes blondes, faire des excès de toutes sortes. Comment enfin « trouver sa place ? » Quand donc viendra celle qu'il attend de toutes ses forces, qui gardera éclairé le foyer et qui sera, comme sa mère, « l'autre réservoir de paix » ?

Antoine de Saint Exupéry au début des années 1930.

« J'ai un réseau de 3 800 kilomètres qui me suce, seconde par seconde, tout ce qui me restait de jeunesse et de liberté bien aimée. »

Antoine

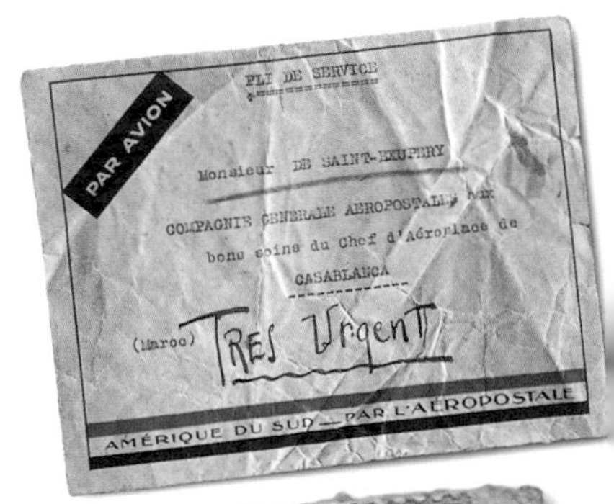

Enveloppes destinées à Saint Exupéry.

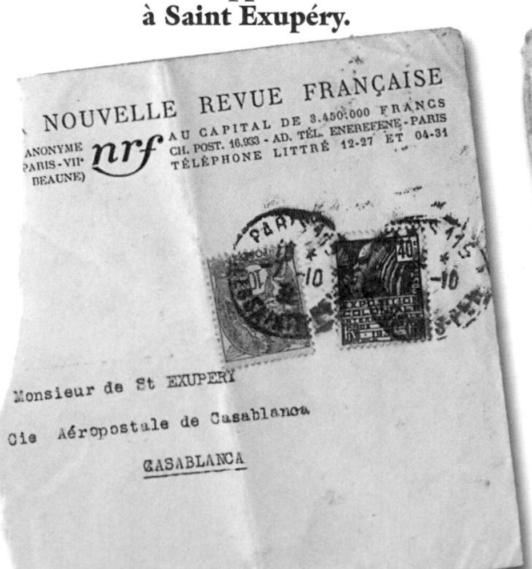

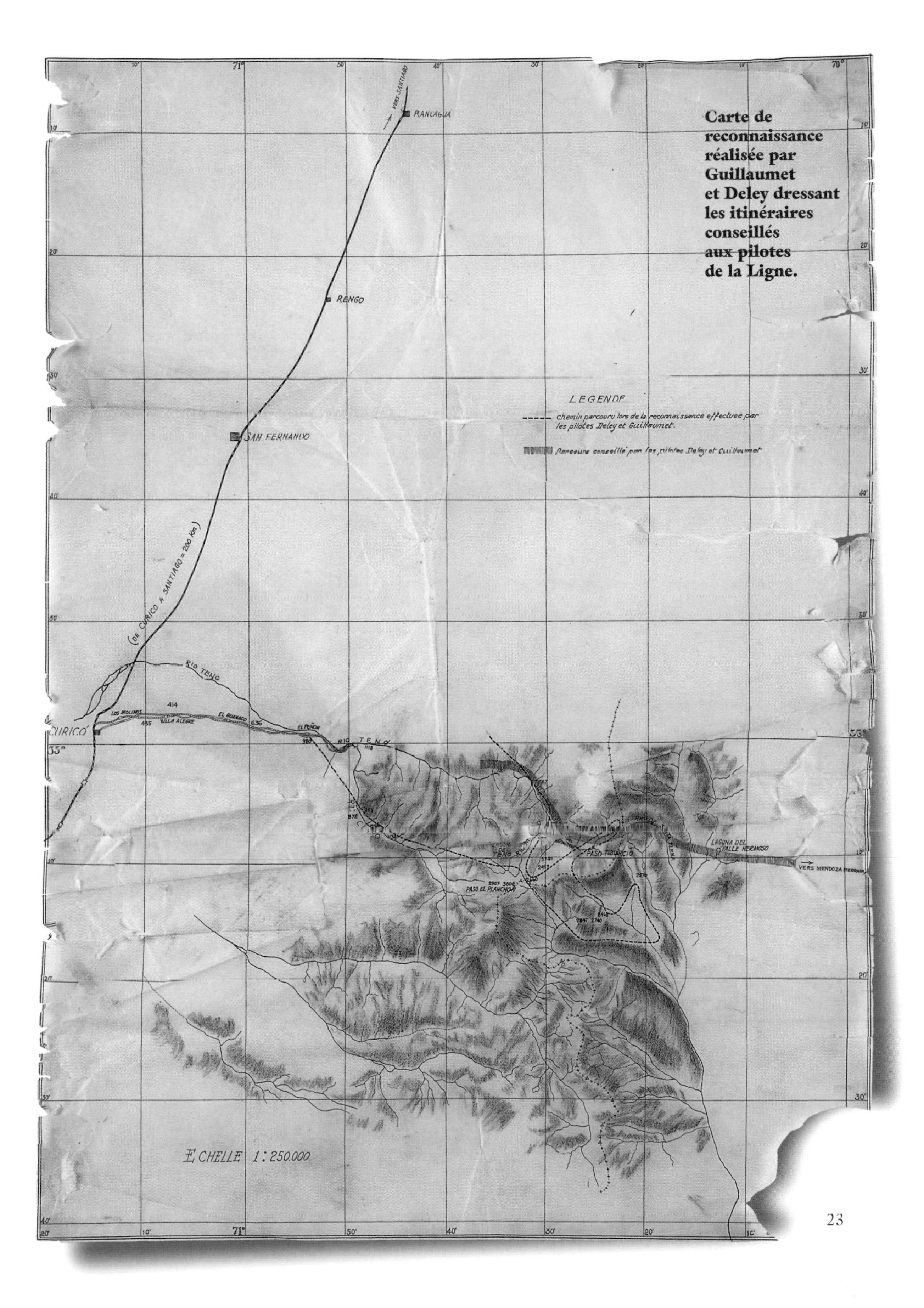

Carte de reconnaissance réalisée par Guillaumet et Deley dressant les itinéraires conseillés aux pilotes de la Ligne.

“Tout le monde parlait de Consuelo comme d’un petit volcan d’El Salvador qui jetait son feu sur les toits de Paris”

German Ariniegas, ambassadeur de Colombie à Paris.

Une femme du Nouveau Monde

Il l’appelle tout au long des lettres qu’il écrit à sa famille et, sans qu’il le sache, elle vient cependant, cette femme, jusqu’à lui. Elle se nomme Consuelo Suncin Sandoval, veuve depuis 1927 de Gomez Carrillo, écrivain guatémaltèque, naturalisé argentin et consul d’Argentine. Consuelo a épousé un an plus tôt cet écrivain prolixe, auteur de plusieurs dizaines d’ouvrages, dont une retentissante biographie de Mata Hari, et elle se rend en Argentine pour régler des affaires de succession. Outre une villa à Nice et un appartement à Paris, rue de Castellane, qu’il lui a légués, elle doit à présent récupérer les avoirs liquides qui sont à sa disposition dans son pays d’adoption. Consuelo aussi est sud-américaine, salvadorienne plus précisément, issue d’une des sept familles les plus riches du pays, propriétaire à Armenia de plantations de café. Elle a obtenu une bourse d’études aux États-Unis et, à dix-neuf ans, s’est installée à San Francisco. Y a-t-elle épousé son premier mari, Ricardo Cardenas, dont personne ne saura jamais s’il était un jeune officier mexicain ou un simple employé de bureau ? Il meurt deux ans plus tard dans une révolution populaire ou dans un accident. À Los Angeles, l’impétueuse Consuelo invite à danser dans un cabaret Rudolf Valentino, qui s’exécute en un torride tango… Veuve une première fois, elle part à Mexico et y rencontre José Vasconcelos, écrivain, figure mythique de la jeunesse progressiste et de surcroît ministre de l’Éducation. Bien que marié et père de deux enfants, il tombe sous le charme de la jeune salvadorienne, qui fera plus tard l’objet d’un règlement de comptes dans un de ses ouvrages autobiographiques. Consuelo y sera représentée comme une femme « unique et pleine de paradoxes », quelque peu sorcière et douée de pouvoirs magiques. En 1925, elle s’installe à Paris. Elle a vingt-quatre ans. Sa beauté, son talent de conteuse, son charme opèrent aussitôt sur le Paris des arts et des lettres.

Portrait au crayon de Consuelo, destiné à être publié dans l’une des revues de mode que possédait Carrillo.

À 26 ans, Consuelo épouse à Paris Enrique Gomez Carrillo, de trente ans son aîné. Écrivain de renommée internationale et diplomate, celui-ci l’introduit dans les milieux artistiques et littéraires parisiens.

Consuelo, au centre, en compagnie de deux amies, au début des années 1920.

Une veuve de 27 ans

« J'étais en deuil de mon mari, Enrique Gómez Carrillo. Le père Landhe m'écouta lui raconter, avec toute la sincérité de ma jeunesse, l'amour qu'un homme de cinquante ans avait éveillé en moi pendant la trop courte période de notre mariage ; j'avais hérité de tous ses livres, de son nom, de sa fortune, des journaux qu'il possédait. Une vie, la sienne, m'avait été confiée, que je voulais comprendre et revivre, et continuer en hommage à sa mémoire. Je ne voulais grandir que pour lui et je faisais de ce cadeau ma mission. Ricardo Viñes, le pianiste aux mains d'ailes de colombe, me disait à l'oreille, chaque matin, sur le pont : "Consuelo, vous n'êtes pas une femme." Je riais. Il avait été un des familiers de mon mari. Il m'avait remarquée à Paris parce que je portais par ma mère le nom d'un de ses amis, le marquis de Sandoval, et, pour Viñes, Sandoval signifiait l'océan, la tempête, la vie libre et les souvenirs des grands conquistadors. »

Consuelo, *Mémoires de la rose*

ET LES MODES

(*Voir l'explication détaillée des gravures page 26*).

On verra par notre Couverture, tirée d'abord en noir et en or, puis en couleurs, que nous ne restons jamais insensibles à la beauté et que nous désirons demeurer les pionniers des nouvelles découvertes industrielles qui peuvent enrichir l'immense domaine de la mode.

Comme nous avons eu souvent déjà l'occasion de le dire et de le répéter ici, le succès des FILÉS DE CALAIS a entraîné la Haute Couture et c'est ainsi que la Maison Chéruit n'a pas hésité à créer spécialement pour ce Numéro une admirable robe du soir portant le nom de

Mme GOMEZ CARILLO Mme ALBERT DIEUDONNÉ

MODE AUX COURSES

Journal de mode. Consuelo posait régulièrement pour les revues de mode de son mari.

« Je venais d'une autre souche, d'une autre terre, d'une autre tribu, je parlais une langue différente. J'avais une bonne dose de sang indien maya (ce qui était la mode à Paris), par les Suncin, avec des légendes de volcans… »

Consuelo

« Tout le monde parlait de Consuelo comme d'un petit volcan d'El Salvador qui jetait son feu sur les toits de Paris », raconte l'écrivain colombien et ambassadeur de Colombie à Paris Germain Ariniegas. On la voit partout, enchantant ses amis, toujours aux plus belles tables, habituée de Maxim's. Années folles. Elle aime la vie luxueuse, s'habille chez Poiret et les couturiers du faubourg Saint-Honoré, ensorcelle de sa parole, pétillante, joyeuse. Invitée à un bal masqué chez Van Dongen, elle rencontre Gomez Carrillo. Coup de foudre du consul. Il l'épouse sans hésiter. Conteuse née, elle a le don des langues, parle couramment l'anglais et le français. Elle fait merveille auprès des amis de Carrillo. Ils ne sont pas des moindres : Maeterlinck, Van Dongen… D'Annunzio l'invite dans sa villa somptueuse du lac de Garde, tombe éperdument amoureux d'elle : remplacerait-elle l'inoubliable Duse ? Elle s'enfuit et prend le premier train pour la France. Trente ans plus tôt, Consuelo aurait pu connaître Verlaine et Oscar Wilde dont Carrillo était aussi très proche… Auprès de lui, elle fréquente les milieux littéraires et artistiques de la capitale. Comme elle est d'une beauté exotique et troublante, dotée d'un inimitable accent dont elle use abondamment pour séduire ses interlocuteurs, elle aime à se rajeunir d'au moins sept années. Aussi, lorsqu'elle est à bord du transatlantique Massilia pour se rendre en Argentine, cet été 1930, a-t-elle vingt-neuf ans et non vingt-deux… On la surnomme Shéhérazade, possédant un art incroyable pour raconter des histoires, charmer son auditoire par ce que Saint Exupéry, bientôt, appellera son « intarissable gazouillis ».

Pendant la longue traversée qui la conduit à Buenos Aires, elle fait la connaissance de Benjamin Crémieux, traducteur d'italien pour Gallimard et lecteur dans la même maison, et du pianiste virtuose Ricardo Viñes. Tous deux tombent immanquablement sous son charme. Crémieux se rendant à Buenos Aires pour un cycle de conférences à l'Alliance française, il l'invite à assister à la première d'entre elles et à la réception qui suivra. Consuelo promet de s'y rendre malgré son emploi du temps très chargé, le président de la République argentine en personne, ami de Carrillo, tenant à la recevoir avec tous les honneurs.

Au cours de la traversée, Crémieux évoque Saint Exupéry, le pilote écrivain de *Courrier Sud*, déjà connu dans les milieux littéraires, vante auprès d'elle son talent et sa gentillesse. Consuelo, intriguée, désire le rencontrer. Qu'à cela ne tienne :

« Je vous le présenterai à la réception de l'Alliance française… »

Consuelo, que les écrivains fascinent, est déjà impatiente de rencontrer celui que Paris vient à peine de découvrir et dont l'extravagance naïve et l'originalité amusent et déconcertent.

« Quand vous racontez des histoires de magie, de cirque, de volcans de votre pays, vos cheveux sont vivants. Si vous voulez être belle, riez toujours. »

Benjamin Crémieux à Consuelo

Un chapeau de Consuelo.

Consuelo dans la villa du Mirador, que Gomez Carrillo possédait près de Nice.

Consuelo à bord du *Massilia* qui la ramène en Argentine.
Elle vient régler les problèmes de succession liés au décès de Carrillo. Elle est entourée de Ricardo Viñes (à gauche) et de Benjamin Crémieux (à droite). « J'avais un chaperon sur le bateau en la personne de Benjamin Crémieux. Il avait une tête de rabbin, beaucoup de feu dans le regard et de la chaleur dans la voix », écrira Consuelo.

El crítico Benjamín Cremieux con D. Ricardo Viñes, a su llegada al puerto

En el desembarcadero de la dáñena
...

na. Mi primer palabra, nos dijo, ha de
ser de gratitud para Los Amigos del
Arte y en especial para su presidenta,
la señora Sansinena de Elizalde, de la
cual la generosa iniciativa me permite
realizar este viaje.

En el ciclo de conferencias que ofre-
ceré en Buenos Aires, trataré de mostrar
el movimiento de las grandes corrientes
de arte y de pensamiento que se han
sucedido y entrecruzado en Francia desde el fin de la guerra: espíritu de in-
quietud, de evasión, de aventura, de
misticismo, y sobre todo, nos agregó, a
partir de 1925, espíritu de descubri-
miento y de reconstrucción.

Más adelante el señor Cremieux se ex-
presó así: "Trataré de mostrar bien que
sirviéndome de la literatura francesa,
la unidad o la convergencia de los es-
fuerzos de toda la literatura de Eu-
ropa, desde 1918."

Nos habló asimismo de las relaciones
de nuestro país con Francia, estable-
ciendo su carácter intelectual a pesar
de las diferencias de continentes.

No me sorprende, agregó, la amplitud
de miras de los argentinos y vuestra
voluntad de argentinidad me parece su-
mamente saludable, porque está acom-
pañada en todos los casos de universa-

Gómez Carrillo, Maeterlink, Leroux y
otros amigos de Francia.

El padre Pedro Landhe

Llegó, como decimos, el padre vasco-
francés don Pedro Landhe. Trátase de
un jesuita brillante, natural de Bayona,
que es novelista, filólogo y orador sa-
grado. Nos habló de sus obras, a nues-

La señora viuda de Gómez Carrillo

tro requerimiento, y del espíritu esen-
cialmente vasco que en ellas impera. En
la actualidad el padre Landhe es miem-
bro de la Academia de la Lengua Vasca
de Bilbao y en estos momentos tiene
en preparación un diccionario vasco-
francés. Ultimamente en Francia ha
ofrecido por radiotelefonía una serie
de sermones que ha coleccionado, nos
manifestó, en varios volúmenes titula-
dos "L'Evangelie par dessus les toits",
"Le bon pasteur" y "Les pauvres de
l'evangile".

EN EL INSTITUTO D

Les journaux argentins couvrent l'arrivée de Consuelo, jeune veuve, à Buenos Aires :
« Les éclairs des appareils photographiques crépitaient autour de moi. »

Le paquebot file vers Buenos Aires. Tard dans la nuit précédant l'arrivée, Ricardo Viñes improvise un prélude en l'honneur de Consuelo : il l'intitule *La Niña del* Massilia.

« Car vous êtes bien, ajoute-t-il, la *niña* de ce paquebot… »

Consuelo, aussitôt arrivée à Buenos Aires, est accueillie par un ministre du Président. Les flashes crépitent autour d'elle. Qui pouvait imaginer que la veuve de Carrillo fût si jeune et si belle ? Tourbillon de mondanités et de cérémonies. Elle est l'invitée d'honneur du Président. On se presse autour d'elle, on la fête et on la flatte. Malgré des menaces de révolution imminente, son agenda est complet. Les soirées succèdent aux dîners. Crémieux cependant lui téléphone pour lui rappeler sa conférence à l'Alliance française suivie d'un cocktail dans les salons des Amigos del Arte. Consuelo tient sa promesse, elle s'y rend, peut-être secrètement attirée par Saint Exupéry qui a annoncé aussi sa venue. À l'issue de la réception, ne le voyant pas et s'ennuyant un peu, elle décide de partir. Elle réclame son manteau au vestiaire, mais un homme de haute taille lui barre la route. Il faut ici laisser parler Consuelo qui, dans ses *Mémoires*, plus tard, évoquera leur rencontre avec cette liberté de ton et cette fantaisie qui lui sont propres.

« L'homme brun, raconte-t-elle, était tellement grand que je devais lever les yeux au ciel pour le voir.

"Benjamin, vous ne m'aviez pas signalé qu'il y avait d'aussi jolies femmes. Je vous remercie."

Puis, se retournant vers moi :

« Ne partez pas, asseyez-vous dans ce fauteuil."

Et il me poussa de telle façon que je perdis l'équilibre et me retrouvai assise. Il s'excusa, mais je ne pouvais plus protester.

"Mais qui êtes-vous ?" dis-je enfin, essayant de toucher le tapis du bout de mes pieds, car j'étais littéralement prisonnière du fauteuil trop profond et trop haut. "Pardon, pardon, rétorqua Crémieux, j'ai oublié de vous présenter. Antoine de Saint Exupéry, un pilote, un aviateur, il vous fera voir tout Buenos Aires d'en haut et aussi les étoiles. Car il aime tellement les étoiles."

Saint Exupéry profite de ces mots pour proposer aussitôt une promenade en avion. La petite bande d'amis est joyeuse, arrive après une heure de route à l'aéroport. On s'envole. Saint Exupéry fait le guide, montre les reliefs, les montagnes, la mer :

"Regardez, là-bas, le Rio de la Plata… J'espère que vous n'avez pas le mal de mer.

– Un tout petit peu.

– Tenez, voilà une petite pilule, tirez la langue."

Il posa la pilule dans ma bouche, raconte Consuelo, et, me serrant nerveusement les mains :

« Quand une femme me paraît belle, je n'ai rien à en dire. Je la vois sourire, tout simplement. Les intellectuels démontent le visage, pour l'expliquer par les morceaux, mais ils ne voient plus le sourire. »

Antoine

Photo d'identité d'Antoine.

« Cette lettre, c'est la tempête de mon cœur, la tempête de ma vie, qui va vers vous, de très loin. »

Première lettre d'amour d'Antoine à Consuelo

II

suis installé ici dans
une petite Hotel avec un
jardin plus petit que
cel du mirador.
mais j't'assure que
tu te plairai dedans
dit moi, pensé tu
serieusement comme
une grande fille
veus tu venir a passer
quelques mois avec moi
mais depeche toi. J'ai

III

loué cette maison pour
6 mois, et si tu ne viens
pas je partirai avant
le 6 mois ailleur.
J'ai du nouveau
dans ma vie, je pense
que j'approche le
bonheur mais je ne
suis pas sure.
ecris moi vite.
je donné ton addresse a
Lucien, si il vien te
voir ne le raconte pas
que je resterai 6 mois ici

Peu de temps après sa rencontre avec Antoine, Consuelo envoie cette lettre à l'une de ses amies.
« J'ai, écrit-elle, du nouveau dans ma vie, j'approche le bonheur, mais je n'en suis pas sûre. »

Consuelo photographiée à l'hôtel Negresco à Nice, peu avant son départ pour l'Argentine.

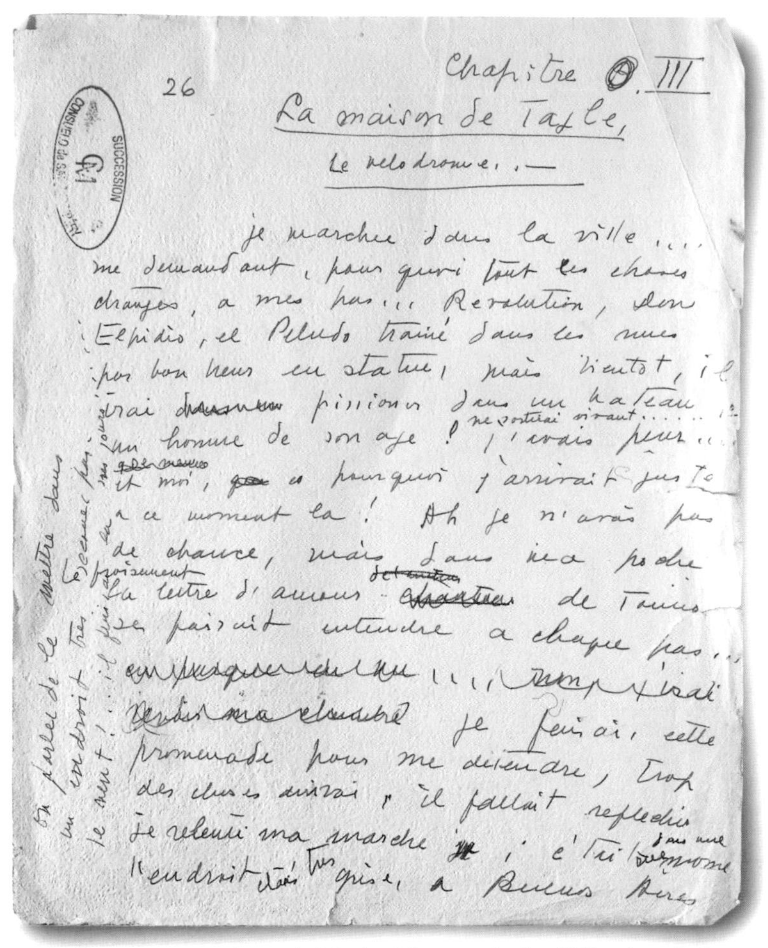
26

Chapitre III

La maison de Tagle,

Le vélodrome. —

Je marche dans la ville… me demandant, pourquoi tout les choses changés, a mes pas… Revolution, don Elpidio, el Peludo traîné dans les rues par bon heur en statue, mais bientot, il irai … dans un bateau un homme de son âge ! ne sortirai vivant… j'avais peur… et moi, pourquoi j'arrivait jus'to a ce moment là ! Ah je n'avais pas de chance, mais dans ma poche la lettre d'amour de Tonio se faisait entendre a chaque pas… … je ferai cette promenade pour me distraire, trop des choses arrivai, il fallait reflechir. Je relenti ma marche … c'était l'endroit … grise, a Buenos Aires

Chapitre III, La maison de Tagle. Manuscrit des *Mémoires de la rose*.

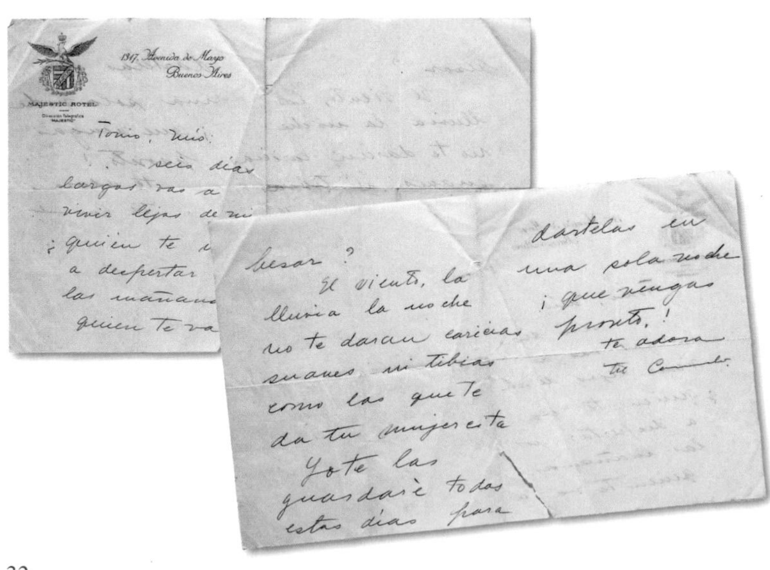
1317, Avenida de Mayo
Buenos Aires

Majestic Hotel

Tonio, mío:
… seis días largos vas a vivir lejos de mí ¿quién te va a despertar las mañanas quién te va … besar?
El viento, la lluvia la noche no te darán caricias suaves ni tibias como las que te da tu mujercita.
Yo te las guardaré todas estos días para dártelas en una sola noche ¡que vengas pronto!
te adora
tu Consuelo

La maison de Tagle

« Une jolie maison était louée pour notre mariage à Tagle. Des amis sont venus pendre la crémaillère. On attendait ma future belle-mère pour le mariage. Ricardo donnait toujours des concerts. Il venait chez nous, nous comblait de son talent qui enchantait l'imagination de Tonio. La maison était petite, mais agrémentée de terrasses et d'un petit studio où j'installais un tonnelet de porto au robinet d'or, une peau de guanaco au mur, des animaux empaillés et des dessins. Nos amis appelaient cette pièce la chambre des enfants terribles. J'étais heureuse : quand on cherche au fond de soi le merveilleux, on le trouve. »

Mémoires de la rose

Lettre de Consuelo à Antoine en espagnol.
« Pendant de longs jours, tu vas vivre loin de moi. Qui va donc t'attendre, chaque matin ? Qui va t'embrasser ? Le vent, la lune, la nuit ne te donneront pas des caresses aussi douces que celles que te donne ta femme. Je les garderai tous ces jours pour te les donner en une seule nuit. Reviens-moi vite. Je t'adore. Ta Consuelo »

L'une des premières photographies du couple.

« J'enfermais
mon fiancé
dans son studio
et, moyennant
cinq ou six pages
de travail,
il avait le droit
de rejoindre
la chambre
des futurs époux.
Pas avant.
Il aimait mon
petit jeu. »

Consuelo

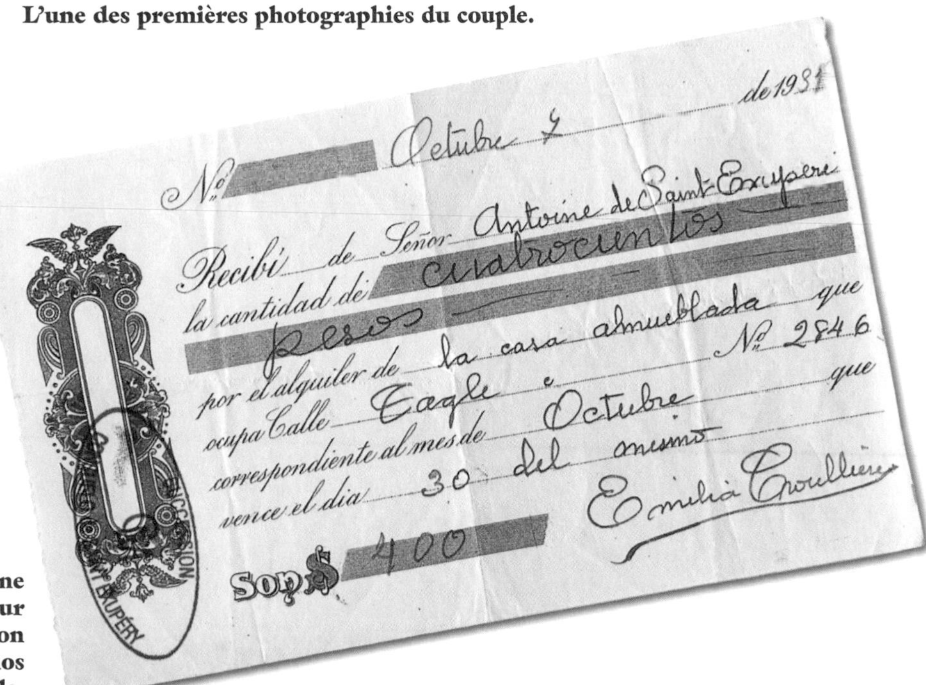

Octubre 7 de 1931

Nº

Recibí de Señor Antoine de Saint-Exupery

la cantidad de cuatrocientos pesos

por el alquiler de la casa amueblada que

ocupa Calle Tagle Nº 2846 que

correspondiente al mes de Octubre que

vence el dia 30 del mismo

Emilia Troullier

Son $ 400

Reçu au nom d'Antoine de Saint Exupéry pour la location de la maison de Tagle, près de Buenos Aires, refuge du couple.

"Quelles petites mains ! Des mains d'enfant ! Donnez-les moi pour toujours !

– Mais je ne veux pas devenir manchote !

– Que vous êtes bête ! Je vous demande de m'épouser. J'aime vos mains. Je veux les garder pour moi tout seul.

– Mais écoutez, vous ne me connaissez que depuis quelques heures !

– Vous verrez, vous m'épouserez"... »

« Rire des lèvres belles », comme disait Rimbaud ! Loopings comme dans les tableaux qui tournent, gais et colorés, de Sonia Delaunay !

On est en septembre 1930. Buenos Aires n'a plus soudain pour Saint Exupéry cette saveur amère de l'exil. Il carillonne partout sa joie et son bonheur. Excessif et impétueux, il lui écrit une lettre de plusieurs dizaines de pages : « Cette lettre, lui dit-il, c'est la tempête de mon cœur, la tempête de ma vie, qui va vers vous, de très loin. »

Crémieux, avant de quitter Buenos Aires, embrasse tendrement ses amis. À Consuelo, il donne ce conseil : « C'est un grand type, Antoine, faites-le écrire, et l'on parlera de vous deux. »

Les dés sont donc jetés. Consuelo, qui a passé sa première nuit d'amour dans le petit studio de la Galeria Goemes, n'a pas même le temps de mesurer la situation. L'enthousiasme de Saint Exupéry est tel qu'elle est emportée dans le tourbillon de ses paroles, de ses promesses et de ses baisers. Lui qui n'aima donc que de grandes filles blondes vient de tomber amoureux d'une petite femme brune et sauvage dont il a subi le sortilège ! À la passion s'ajoute soudain une révolution. Le gouvernement est renversé, le protecteur de Consuelo est destitué, adieu l'héritage de Carrillo ! Qu'importe, déclare Saint Exupéry : « Mieux vaut renoncer à être la veuve d'un grand homme et devenir la femme d'un être vivant qui vous protégera de toutes ses forces. »

En quelques mots, Saint Exupéry efface Carrillo. Consuelo ne peut pas même répliquer, elle est prise à son tour dans l'euphorie de l'aventure. Ils sortent sous la mitraille, rasent les murs, se réfugient dans une église, filment sur les toits les combats de rue. Ils aiment tous les deux ces atmosphères surréalistes, ces jeux d'enfants terribles. Mais le caractère cyclothymique de Saint Exupéry réapparaît sitôt les premiers mois de leur liaison. Sa famille voit d'un très mauvais œil leur histoire d'amour. Consuelo devient la « veuve joyeuse », qui a comme profession d'être égérie ; on ne la connaît pas encore, mais elle est déjà le trouble-fête, la « garce », comme l'appellera Simone, une des sœurs d'Antoine, ou encore l'« usurpatrice »...

Saint Exupéry voit lentement remonter tous ses démons, ses lâchetés et ses inquiétudes. L'influence familiale est souveraine, il s'éloigne de Consuelo, la retrouve, se fait pardonner en apportant des bouteilles de champagne et repart sans donner de nouvelles.

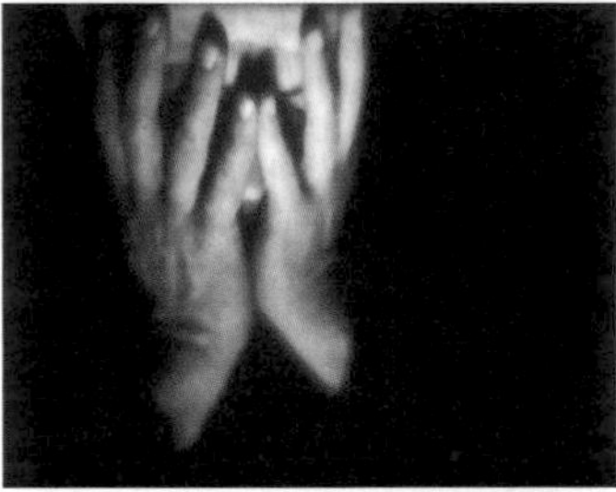

Antoine de Saint Exupéry
filmé par Guillaumet lors d'un voyage en train vers la Patagonie.

« J'épiais ses mains, de belles mains magnifiques, nerveuses, fines et fortes à la fois. Des mains à la Raphaël. Son caractère s'y révélait. J'avais peur, mais je lui confiais ma vie. »

Consuelo

Départ d'avions de l'Aéropostale.
Malgré la révolution qui ébranle l'Argentine, Saint Exupéry poursuit ses missions aériennes. Pour Consuelo, c'est l'apprentissage de l'attente et de l'inquiétude.

« J'ai été l'autre jour dans le sud, en Patagonie, et là nous avons trouvé sur les plages des bandes de milliers de phoques. Et nous en avons capturé que nous avons ramenés en avion. »

Antoine

L'immeuble de l'Aéropostale de Buenos Aires vers 1930.

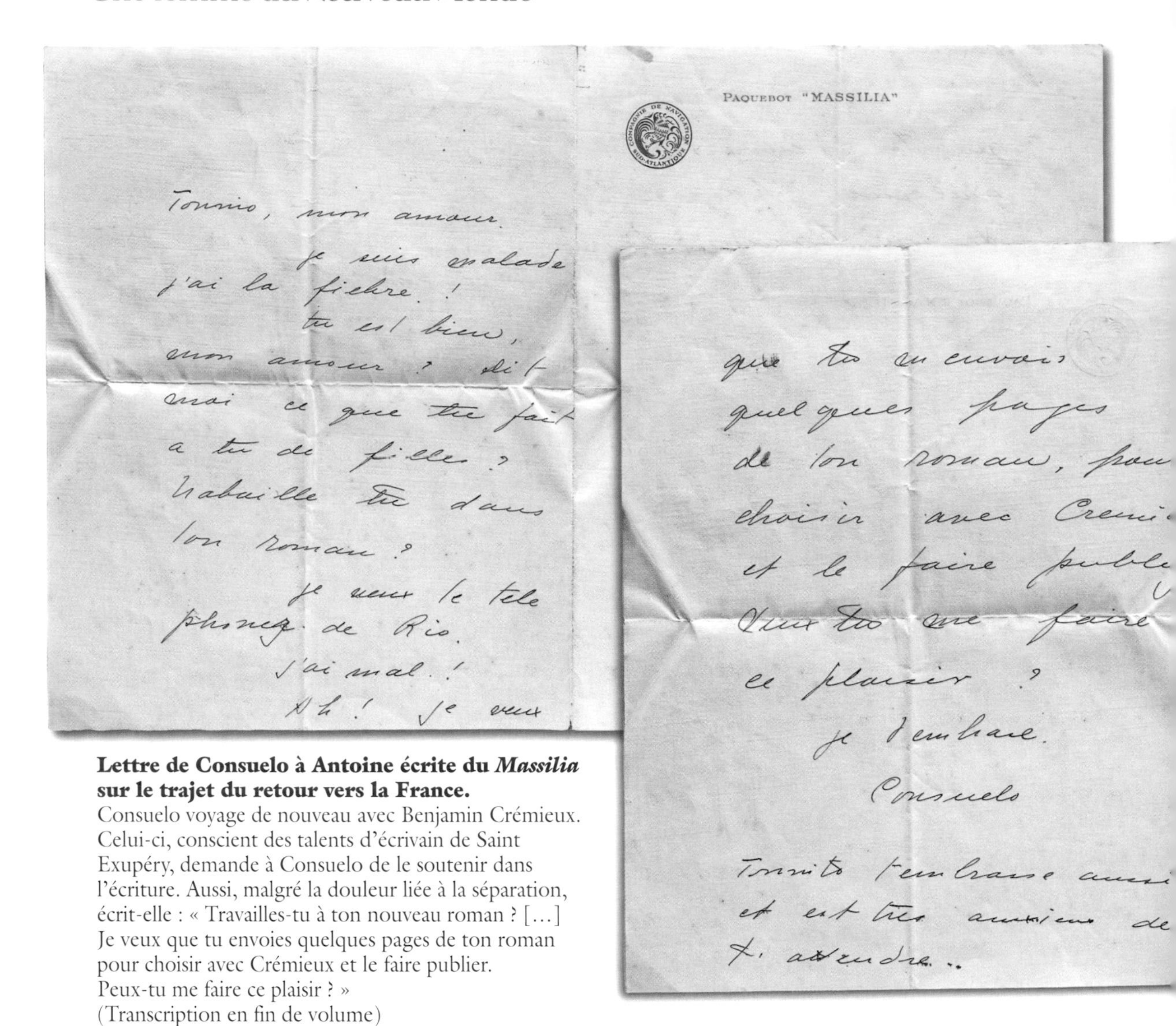

Paquebot "MASSILIA"

Compagnie de Navigation Sud-Atlantique

Tonnio, mon amour.

Je suis malade
j'ai la fiebre !
tu est bien,
mon amour ? dit
moi ce que tu fait
a tu de filles ?
travaille tu dans
ton roman ?
Je veux le tele
phonez de Rio.
J'ai mal !
Ah ! je veux

que tu m'envois
quelques pages
de ton roman, pour
choisir avec Cremi
et le faire publie
Veux tu me faire
ce plaisir ?
je t'embrace.
Consuelo

Tonnito t'embrasse aussi
et est tres anxieux de
t. attendre...

Lettre de Consuelo à Antoine écrite du *Massilia* sur le trajet du retour vers la France.
Consuelo voyage de nouveau avec Benjamin Crémieux. Celui-ci, conscient des talents d'écrivain de Saint Exupéry, demande à Consuelo de le soutenir dans l'écriture. Aussi, malgré la douleur liée à la séparation, écrit-elle : « Travailles-tu à ton nouveau roman ? […] Je veux que tu envoies quelques pages de ton roman pour choisir avec Crémieux et le faire publier. Peux-tu me faire ce plaisir ? »
(Transcription en fin de volume)

Premières larmes

« Nous avons fixé une date proche pour le mariage. Quand elle arriva, nous allâmes ensemble à la mairie inscrire nos noms. J'étais contente. Si sa mère ne venait pas, eh bien nous l'attendrions pour le mariage religieux. Je me suis habillée de neuf, comme lui. "Votre nom ? Votre adresse ? La femme la première." J'ai donné mon nom, mon adresse. Puis ce fut son tour. Il tremblait, il me regardait en pleurant des larmes d'enfant. Alors je n'ai pas pu. Non, c'était trop triste. J'ai crié : Non, non, je ne veux pas me marier avec un homme qui pleure, non. Je le tirai par la manche et nous avons descendu comme des fous les escaliers de la mairie. C'était fini. Je sentais mon cœur battre dans ma gorge. Je tremblais encore. J'étais au terme de mon aventure. »
Consuelo, *Mémoires de la rose*

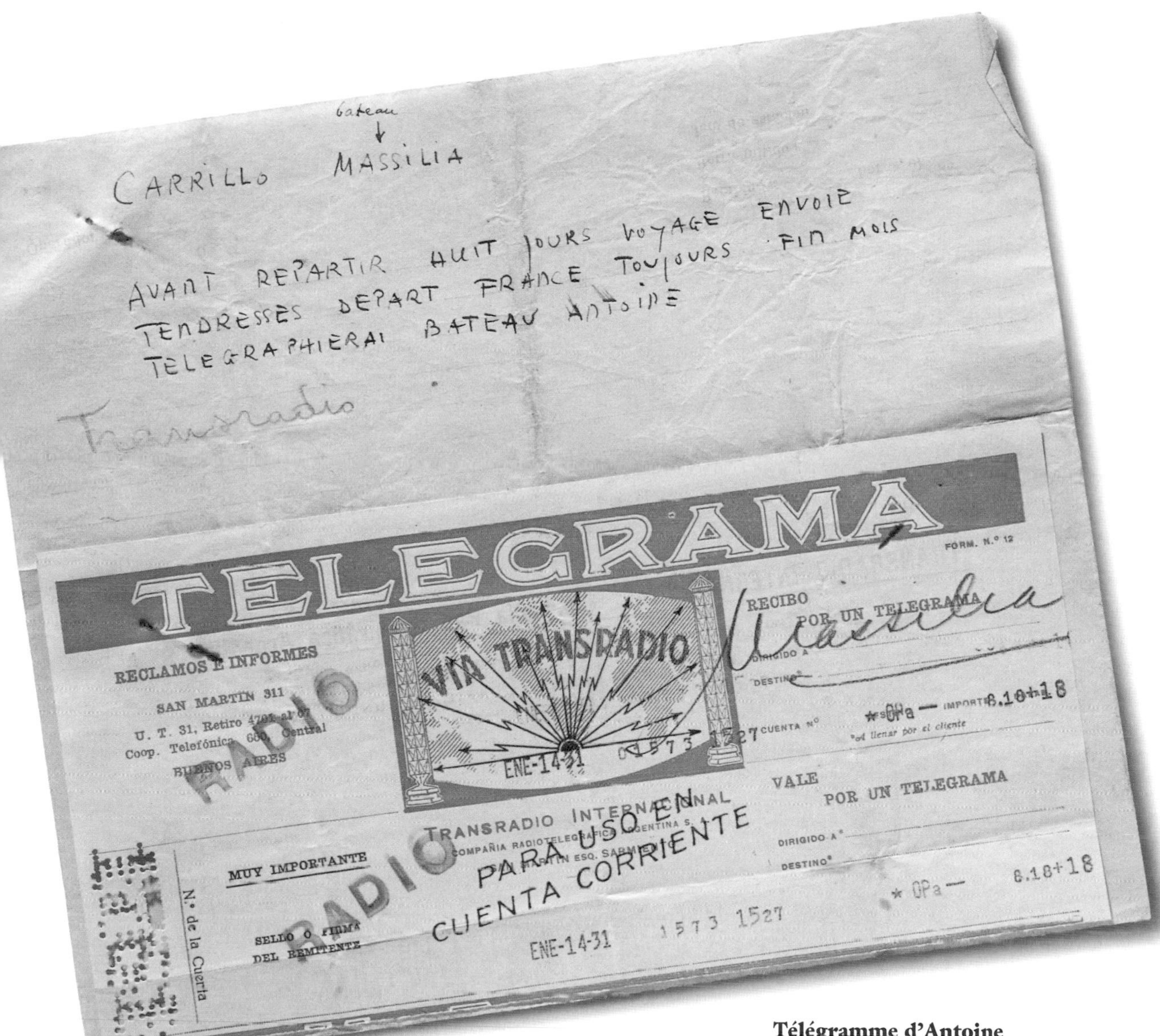

bateau
CARRILLO MASSILIA
AVANT REPARTIR HUIT JOURS VOYAGE ENVOIE
TENDRESSES DEPART FRANCE TOUJOURS FIN MOIS
TELEGRAPHIERAI BATEAU ANTOINE

Transradio

TELEGRAMA

FORM. N.º 12

RECLAMOS E INFORMES
SAN MARTIN 311
U. T. 31, Retiro 4701 al 07
Coop. Telefónica 660, Central
BUENOS AIRES

VIA TRANSRADIO

RECIBO POR UN TELEGRAMA
DIRIGIDO A Massilia
DESTINO
CUENTA Nº 1573 1527
ENE-14-31
IMPORTE 8.10+18

VALE POR UN TELEGRAMA
DIRIGIDO A
DESTINO
TRANSRADIO INTERNACIONAL
COMPAÑIA RADIOTELEGRAFICA ARGENTINA S.A.
PARA USO EN CUENTA CORRIENTE
MUY IMPORTANTE
SELLO O FIRMA DEL REMITENTE
N.º de la Cuenta
ENE-14-31 1573 1527
8.10+18

Télégramme d'Antoine à Consuelo. Après l'échec du mariage, Consuelo décide de rentrer seule en France. Mais le directeur de l'Aeroposta Argentina ne l'entend pas ainsi et cherche à la retenir : « Je me suis endormie avant même que le bateau ne parte. Quand je me réveillai, j'étais déjà en pleine mer. Le commissaire m'apporta un télégramme. Il était de Saint Exupéry. On m'apprit aussi qu'il survolait le bateau… Il venait de temps en temps me faire de grands signes… J'étais morte de peur. »

« Je viendrai vous rejoindre pour vous épouser dans n'importe quel pays du monde. »

Antoine à Consuelo

Étiquette de bagage de cabine au nom de Consuelo Carrillo.

10. - NICE . — Promenade des Anglais et les Bains. - F. L.

Après de courtes retrouvailles en Espagne, Antoine et Consuelo s'installent à la villa du Mirador à Nice dans l'attente du mariage.

« Je l'aimais, mais je mesurais aussi combien ma vie était calme sans lui. Le téléphone de Buenos Aires, celui de la maison de Tagle, me rendait folle. Alors, un jour, j'ai cédé : "Oui, je vous retrouverai à Almería." »

Consuelo

Le scénario de leur vie se dessine précisément, Consuelo le découvre, effarée mais encore captive. Ils décident cependant de se marier, mais, arrivés à la mairie, Saint Exupéry, en larmes, renonce à dire « oui » parce que sa mère n'est pas parmi eux… Consuelo décide de le quitter. C'est le début de l'année 1931. Le transatlantique rejoint la France, et, en sens inverse, un autre transatlantique rejoint Buenos Aires : à son bord, Marie de Saint Exupéry, qui veut retrouver son fils. La liaison romanesque n'est pas achevée pour autant. Antoine n'est jamais aussi amoureux que dans l'absence. Il supplie Consuelo de l'attendre, la somme enfin de le rejoindre en Espagne. « Je disais oui à tout, raconte Consuelo… Valencia… les gens des auberges… le rire de nos jeunes vies… »

Un scandale financier met en faillite l'Aéropostale. Daurat démissionne et Saint Exupéry, par solidarité, renonce à rejoindre l'Argentine. Il n'est plus directeur, il n'a plus d'argent : les années difficiles commencent.

En avril 1931, Gide et la bonne fée de Saint Exupéry, Yvonne de Lestrange, en vacances dans le Var près de la propriété de la sœur d'Antoine, à Agay, sont les premiers lecteurs de *Vol de nuit*. Le titre n'est pas encore trouvé mais Gide est enthousiaste, se propose de préfacer le récit.

Billets de bateau aux noms d'Antoine et de Marie de Saint Exupéry.
La mère d'Antoine a rejoint son fils à Buenos Aires après le départ de Consuelo. Après quelques semaines, ils rentrent ensemble en Europe afin de célébrer le mariage d'Antoine et Consuelo en famille.

Consuelo et Antoine dans le midi de la France.

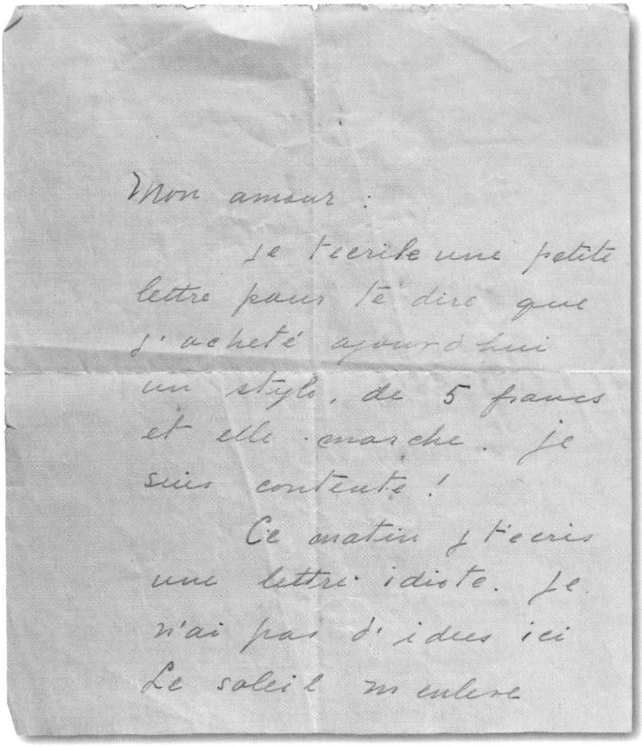

Mon amour :
je t'ecrile une petite
lettre pour te dire que
j'acheté aujourd'hui
un stylo, de 5 francs
et elle marche. Je
suis contente !
Ce matin j t'ecris
une lettre idiote. Je
n'ai pas d'idees ici
Le soleil m enleve

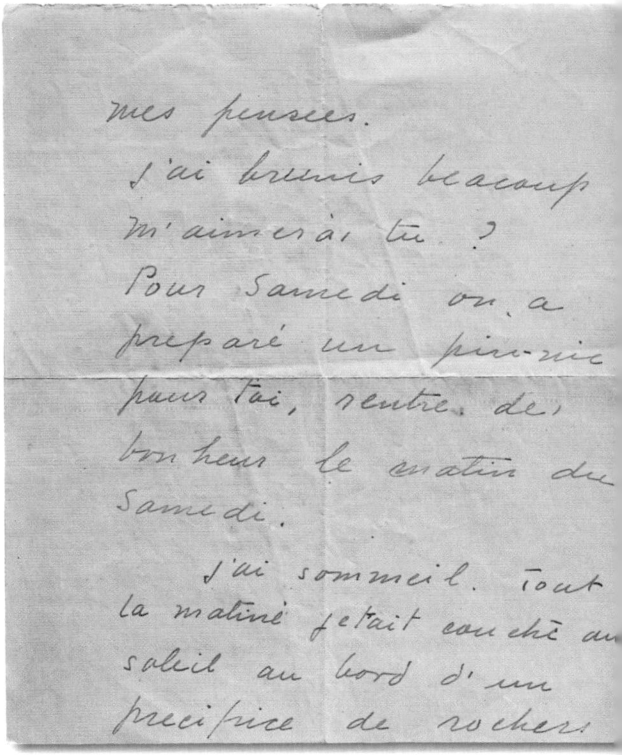

mes pensees.
j'ai brunis beacoup
m'aimerai tu ?
Pour Samedi on a
preparé un pic-nic
pour toi, rentre des
bonheur le matin du
Samedi.
J'ai sommeil. Tout
la matiné j'etait couché au
soleil au bord d'un
precipice de rochers

Lettre de Consuelo

« Mon amour, je t' écris une petite lettre pour te dire que j'achète aujourd'hui un stylo de 5 francs, et il marche. Je suis contente ! Ce matin, je t'écris une lettre idiote. Je n'ai pas d'idées ici. Le soleil m'enlève mes pensées. J'ai beaucoup bruni, m'aimerais-tu ? Pour samedi on a préparé un pique-nique pour toi, rentre de bonne heure le matin du samedi.
J'ai sommeil. Tout ce matin j'étais couchée au soleil au bord d'un précipice de rochers rouges qui faisaient une grotte marine remplie de vagues bleu-noir. Et Didi m'a empêchée de jouer avec ! J'attends pour nous baigner tous les deux. Aujourd'hui nous allons à Nice avec Pierre pour savoir la date du mariage.
Mama t'embrasse. Elle très bonne pour moi je l'aime beaucoup, mais elle me fait trop croire qu'elle aime plus Didi que moi et ma petite nature ! Jalouse !
Je t'embrasse mon trésor, je m'embête toute seule les nuits. » Consuelo

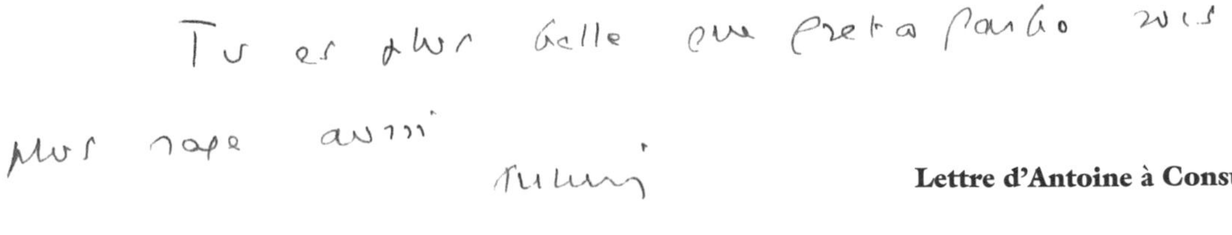

Tu es plus belle que Greta Garbo mais
plus sage aussi

Lettre d'Antoine à Consuelo

(ranchers) rouges. qui farment une grotte marine remplie des vagues bleu-noir. Et Didi m'a empechés de jouer avec !

J'l'attende pour nous baigner las tous les deux

aujourd'hui nous allons a Nice avec Pierre, pour savoir la date du mariage Didi s'encrae de ne avoir de date fixe pour ses amis

mamà t'embrase. Elle tres bon pour moi. J'l'aime

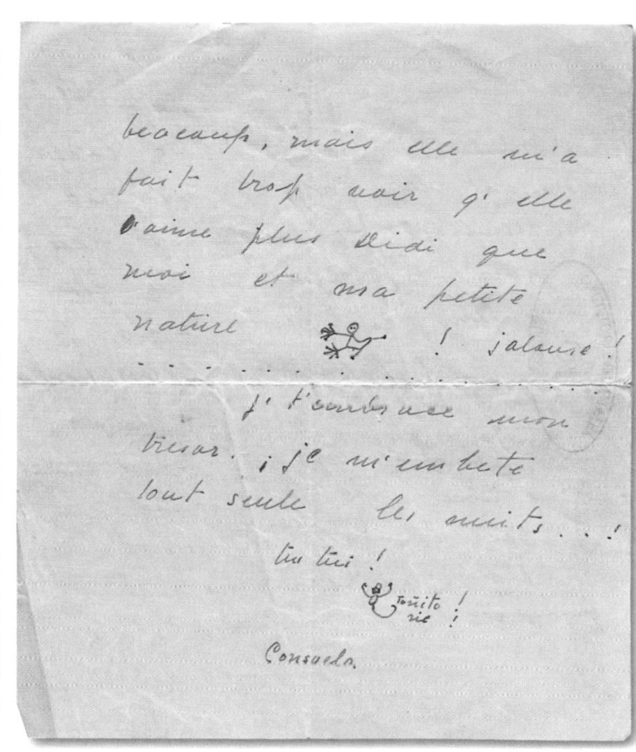

beaucoup, mais elle m'a fait trop voir q' elle l'aime plus Didi que moi et ma petite nature ! jalouse ! ....

J't'embrasse mon tresor. ¡ Je m'embete tout seule les nuits...!

tu tui !

Tonito rie !

Consuelo.

« Je disais oui à tout... Valencia... les gens, les auberges... le rire de nos jeunes vies... »

Consuelo

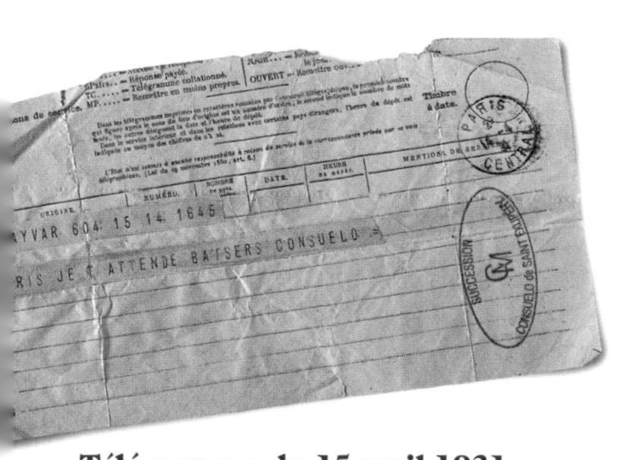

AYVAR 604 15 14 1645

RIS JE T ATTENDE BAISERS CONSUELO

Télégramme du 15 avril 1931 de Consuelo à Antoine.
Consuelo, à Agay, attend Antoine afin que le mariage puisse être célébré.

Antoine et Consuelo au cours d'un pique-nique.

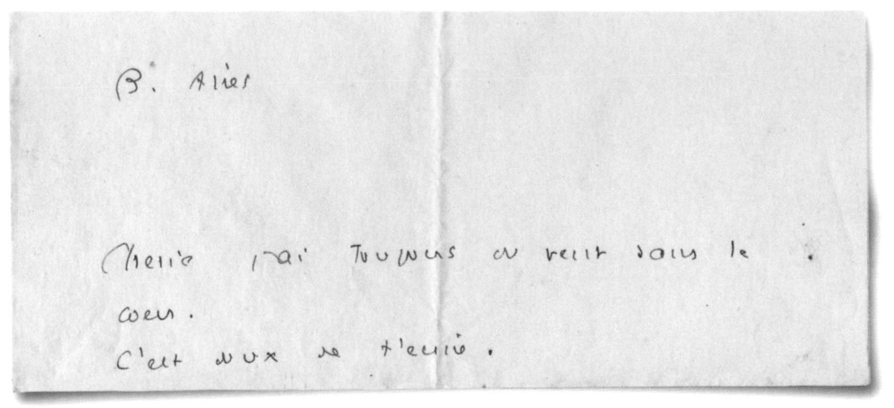
B. Aires

Chérie j'ai toujours un vent sous le cœur.
C'est doux de t'écrire.

Lettre d'Antoine à Consuelo.

Consuelo et Antoine à la villa Mirador.
(ci-dessus et à droite)

Consuelo se sent mise à l'écart. Elle n'est pas très bien accueillie par sa belle-famille : trop belle sûrement, trop sûre de sa beauté dans ce milieu provincial, conservateur et catholique. Trop libre aussi, trop peu au fait des usages aristocratiques, trop volubile, pas assez effacée ni discrète… La famille le lui fait savoir, elle se renseigne sur ses origines et la réputation de sa famille, elle tente de dissuader Antoine de son projet saugrenu, elle essaie de faire jouer pour cela les relations familiales. Gide, ainsi suborné par Yvonne de Lestrange, donne le ton dans son *Journal* : « Saint Exupéry a rapporté de l'Argentine un nouveau livre et une fiancée. Lu l'un, vu l'autre. L'ai beaucoup félicité mais du livre surtout. » Le coup de griffe laissera un sillage désastreux dans le Paris des lettres, averti, avant même que de l'avoir vue, de la personnalité prétendument insipide de Consuelo…

Très vite, elle est donc sur la défensive. Elle n'a pas d'autre charme que sa spontanéité et sa grâce sauvage de Sud-Américaine. Elle accuse les coups, feint de ne pas entendre les brimades. Simone la surnomme « la comtesse de cinéma ». On dit qu'elle est sorcière, qu'elle a envoûté Saint Exupéry, qui ne cédera pas malgré sa dépendance à une famille qu'il porte aux nues. Sa mère, rapidement, comprend que sa décision est irrévocable. Elle a l'intelligence et l'habileté de l'accepter. Ses rapports avec sa bru seront acidulés, mais teintés d'un secret respect et d'une certaine affection devant les efforts déployés par Consuelo pour se faire accepter. La « tribu », pourtant, jusqu'à sa mort, ne l'intégrera jamais.

Elle épousera Saint Exupéry religieusement à Agay le 23 avril 1931. Ce jour-là, la mariée est en noir. Portant encore le deuil de Carrillo, sa robe de dentelle est assortie d'une mantille, noire aussi. Elle a un bouquet d'œillets rouges à la main.

D'aucuns y voient un mauvais présage. D'autres, une excentricité de plus…

Peigne de Consuelo.

« Après des nuits
et des jours de vol,
il était frais
et souriant.
Il pouvait boire
un tonneau de liquide
ou rester
plusieurs jours
sans avaler une
seule goutte d'eau.
Il n'avait
d'horaires fixes
que ceux des orages
dans le ciel
et de la tempête
dans son cœur. »

Consuelo

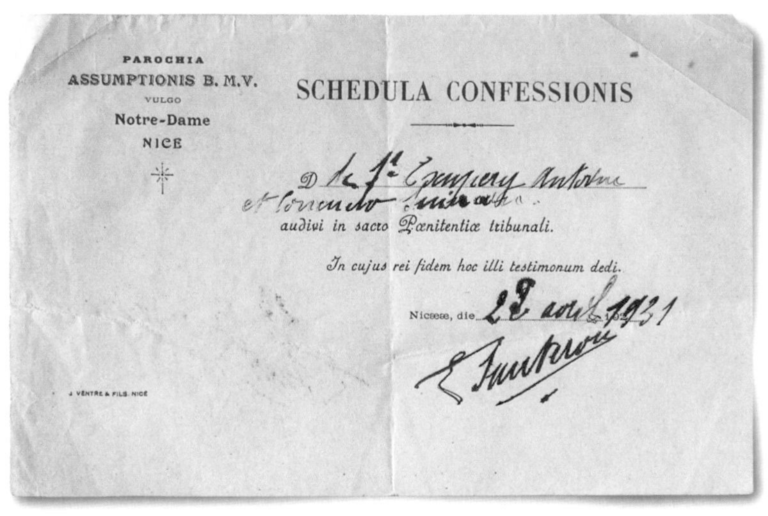

PAROCHIA
ASSUMPTIONIS B. M.V.
VULGO
Notre-Dame
NICE

SCHEDULA CONFESSIONIS

D. de St Exupery Antoine
et Consuelo Suncin
audivi in sacro Pœnitentiæ tribunali.

In cujus rei fidem hoc illi testimonum dedi.

Nicææ, die 23 avril 1931

J. VENTRE & FILS. NICE

MAIRIE DE NICE
(ALPES-MARITIMES)

EXTRAIT
du Formulaire Général
des actes de l'État-Civil
adopté par la Commission
de l'État-Civil
instituée au Ministère
de la Justice

Le certificat de célébration civile, dont le seul but est de garantir le ministre du culte contre l'éventualité de poursuites fondées sur les articles 199 et 200 du Code pénal, ne doit énoncer ni les âges, professions, domiciles et filiation des époux, ni leurs mariages antérieurs.

Certificat de Célébration Civile

Le mariage de de Saint Exupéry
Antoine Jean Baptiste Marie Roger
et de Suncin Consuelo
a été célébré en cette Mairie aujourd'hui
vingt deux avril mil neuf cent trente un

L'Officier de l'État-Civil délégué,

Certificats de confession et de célébration civile du mariage entre Antoine de Saint Exupéry et Consuelo Suncin.

Télégramme de félicitations

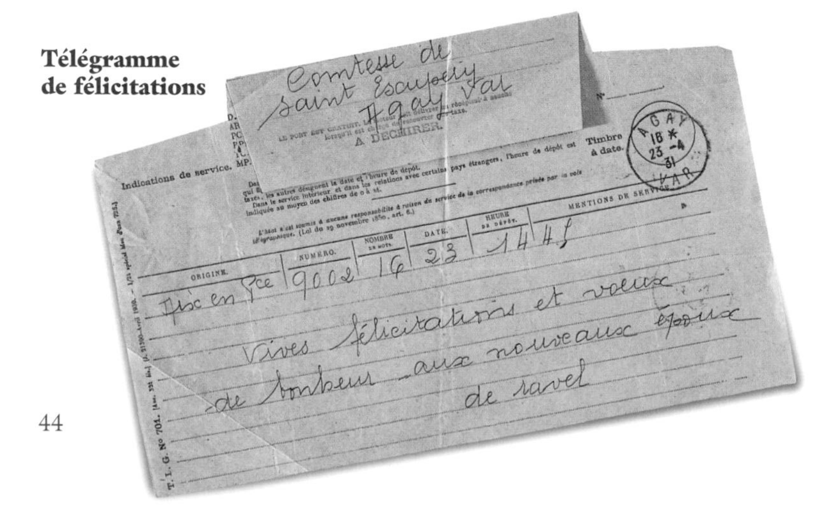

Comtesse de Saint Exupéry
Agay Var

A DÉCHIRER.

Indications de service.

ORIGINE.	NUMÉRO.	NOMBRE DE MOTS.	DATE.	HEURE DE DÉPÔT.	MENTIONS DE SERVICE.
Nice en Pce	9002	16	23	14 45	

Vives félicitations et vœux
de bonheur aux nouveaux époux
de Ravel

Le mariage 23 avril 1931

« Pierre d'Agay nous offrit son château pour notre mariage religieux. Ce mariage, oui, nous le désirions ardemment…
La discrétion de la famille d'Agay, qui fuyait les mondanités, avait éloigné les bateaux de pêche et les bateaux à moteur à un kilomètre à la ronde.
L'intérieur du château était très simple.
De grandes pièces en pierre, pavées de solides dalles que plusieurs vies n'useraient pas.
Le jour du mariage, des fleurs, du vin cuit de la ferme d'Agay furent distribués par ma belle-sœur Didi à tous les habitants du pays.
On riait, on chantait…
Ciel pur, vent admirable, disait Tonio, comme dans ses vols de nuit pour encourager le radio et le pilote sur les grandes étendues de Rio de Oro où, s'ils tombaient en panne, à l'époque de l'Aéropostale, ils se faisaient couper en morceaux. »
Consuelo, *Mémoires de la rose*

Antoine et Consuelo,
le jour de leur mariage à Agay.
Consuelo, qui porte encore le deuil de Gómez Carrillo, se marie en noir.

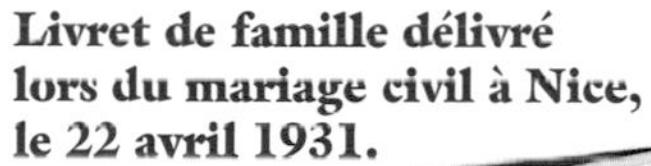

Livret de famille délivré lors du mariage civil à Nice, le 22 avril 1931.

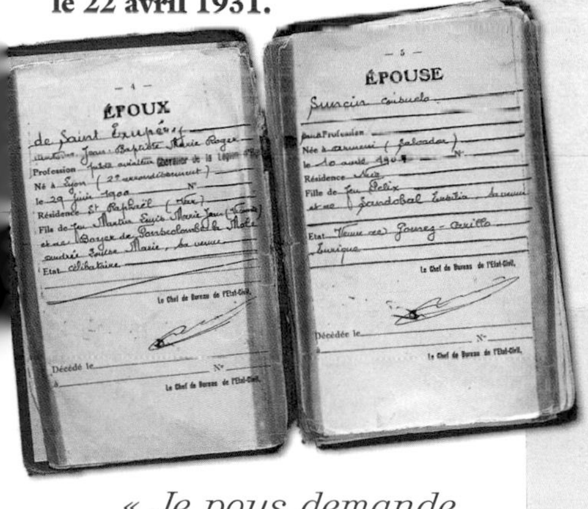

— 4 —

ÉPOUX

de Saint Exupéry
Antoine Jean-Baptiste Marie Roger
Profession pilote aviateur Chevalier de la Légion d'Honneur
Né à Lyon (2e arrondissement) N°
le 29 juin 1900
Résidence St Raphaël (Var)
Fils de feu Martin Louis Marie Jean (Vicomte)
et de Boyer de Fonscolombe de la Mole
Andrée Louise Marie, sa veuve
Etat célibataire

Le Chef de Bureau de l'Etat-Civil,

Décédé le N°
à

Le Chef de Bureau de l'Etat-Civil,

— 5 —

ÉPOUSE

Suncin Consuelo
Profession
Née à Armenia (Salvador) N°
le 10 avril 190[illegible]
Résidence Nice
Fille de feu Felix
et de Sandoval Emilia
Etat Veuve de Gomez-Carrillo Enrique

Le Chef de Bureau de l'Etat-Civil,

Décédée le N°
à

Le Chef de Bureau de l'Etat-Civil,

« Je vous demande de m'épouser. J'aime vos mains. Je veux les garder pour moi tout seul. »

Antoine

Menu du repas de noce avec des croquis de Saint Exupéry.

« *C'était ainsi notre vie, dans ces chassés-croisés. D'amour et de séparations...* »

Consuelo

Entre bohème et déchirures

Pour subvenir à ses besoins, Saint Exupéry accepte un emploi de pilote de nuit sur le tronçon Casablanca-Port-Étienne de la ligne d'Amérique du Sud. « J'ai éprouvé peu de plaisir à retrouver le Sahara, écrit-il. Il m'a semblé avoir épuisé autrefois ce qu'il pouvait me donner. » Consuelo le suit, comme elle le fera toujours. Elle commence à découvrir la vie difficile et solitaire des femmes d'aviateur. Elle vit dans l'angoisse de son retour, ne se plaint pas, cependant, elle que l'on dit futile et volage. Elle est déjà à ce moment-là celle que son mari appelle « la racine de ma paix ». Elle décore leur appartement, remplit son panier à provisions de légumes fragiles, de tomates, de salades, de concombres, de radis. « J'étais, raconte-t-elle, la seule épouse qui faisait des plats et des emballages étranges dans des bidons d'essence vides... Je remplissais plusieurs Thermos avec de la crème glacée. De la viande fraîche dans des morceaux de glace. Des Thermos de soupe de poulet, le tout marqué avec des étiquettes... Pour moi, c'était ça la vie : je lui fournissais l'énergie qu'il dépenserait dans ses nuits de vol. » C'est Saint Exupéry cependant qui fixe les règles de leur vie à deux. Très vite, Consuelo mesure le fossé qui la sépare des grandes et lyriques déclarations de la longue lettre de Buenos Aires. « Il me disait que sa vie était un vol, qu'il voulait m'emporter, qu'il m'avait trouvée légère... Il disait encore qu'il était sûr de me rejoindre à terre pour me cueillir, à une vitesse vertigineuse, que je serais son jardin, qu'il m'apporterait de la clarté, que je lui donnerais la terre ferme, la terre des hommes, la terre d'un foyer, une tasse de café chaud fait exprès pour lui, près d'un bouquet de fleurs qui l'attendrait toujours »... Illusion des mots, vanité des amours...

À la rentrée de septembre paraît *Vol de nuit*. C'est à deux qu'ils ont choisi le titre, en écrivant sur une feuille de papier plusieurs titres possibles. Saint Exupéry penche pour *Nuit lourde*, mais Consuelo pense que *Vol de nuit* est meilleur. Va donc pour *Vol de nuit*...

Caricature de Saint Exupéry.
Date et auteur inconnus.

Lettre d'Antoine à Consuelo.
« Plume d'or chérie,
Il souffle un grand vent,
qui soulève le sable. Tout le désert
pousse et n'a point de forme.
Tu dors à deux mille kilomètres
de moi dans une villa bien en paix
mais moi j'écoute à travers
les planches de notre baraque
les vieilles plaintes que
chaque vent de sable remue. »

...e soir chérie
souffle un grand vent qui soulève le sable. Tout
désert fume et n'a point de forme. Tu dois à
...x mille kilomètres de moi dans une ville bien en paix
...ais moi j'écoute à travers les planches de notre
...araque les vitres plaintes que chaque vent de sable remue
Nous sommes tous fatigués et serrés
... je t'écris mais

Portrait de Consuelo.

Mon Ketzal

Vous est deja dans
le ciel, mais je ne vous vois
pas. Il fait nuit, et
vous est encore loin.
j'attenderai le jour.
je dormirai pendant
que vous aprochez no-
tre maison.

J'irai au terrain

II

vous attendre.
mon mari cheri, deja
votre moteur soufle
dans mon coeur.
je sais que demain
vous serez assise à
cette même table
prisionés de mes yeux
je pourrai vous voi-
r-ous toucher.....
et la vie de Casablan[ca]
aura un sens pour
moi,
et mes difficultés.

Monsieur A. de St Exupery
Auteur de "Courrier Sud" et de "Vol de Nuit"
Pilote Civil
Quelque part sur une ligne française
de Navigation aérienne
entre la France et l'Amérique du Sud
Casablanca

Par Avion

Enveloppe adressée à Antoine de Saint Exupéry, en poste à Casablanca.

« Plume d'or, on vous aime tellement que l'on cherche dans son esprit et dans son cœur quoi vous donner et l'on ne trouve pas grand-chose sinon son grand amour. »
Antoine, lettre à Consuelo

III

de menage une raison
pour le souffrir.
et tout, tout mon
oiseau sorcier será
beau de que vous me
chanterai
"que Dieu veuille
dans sa grandeur te
protéger"

Plume d'Or.

Mon ketzal,

« Vous êtes déjà dans le ciel, mais je ne vous vois pas. Il fait nuit, et vous êtes encore loin. J'attendrai le jour. Je dormirai pendant que vous vous approcherez de notre maison. J'irai au terrain vous attendre. Mon mari chéri, déjà votre moteur ronfle dans mon cœur. Je sais que demain vous serez assis à cette même table, prisonnier de mes yeux. Je pourrai vous voir, vous toucher… Et la vie à Casablanca aura un sens pour moi. Et mes difficultés de ménage une raison pour le souffrir. Et tout, tout, mon oiseau sorcier, sera beau dès que vous me chanterez : "Que Dieu veuille dans sa grandeur te protéger." »
Plume d'or.

À l'époque de leur séjour à Casablanca, Antoine de Saint Exupéry rédigea pour sa femme, qui maîtrise mal le français, des modèles de lettres, qu'elle a également conservés dans ses archives.

« Il disait encore qu'il était sûr de me rejoindre à terre pour me cueillir, à une vitesse vertigineuse, que je serais son jardin, qu'il m'apporterait de la clarté, que je lui donnerais la terre ferme, la terre des hommes, la terre d'un foyer, une tasse de café chaud fait exprès pour lui, près d'un bouquet de fleurs qui l'attendrait toujours. »

Consuelo

Je l'aimais...

« Tonio ne savait pas ou ne voulait pas parler de lui-même. Sa façon de voir le monde, de le sentir, lui venait sûrement de l'enfance : il ne parlait jamais de lui, ne se racontait pas. Il se donnait toujours à celui qui l'écoutait.
Je me souviens d'une de ses phrases : "Il faut aimer les hommes sans le leur dire." Elle explique son caractère. L'amour était pour lui une chose naturelle. Ceux qui habitaient avec lui le supportaient difficilement parce qu'il emportait tout son être avec lui, complètement, totalement, sans oublier une parcelle de lui ailleurs...
Je l'aimais pour sa maladresse, pour ses allures de poète, pour ses airs de géant qui cachaient une âme sensible. Il savait déplacer des poids très lourds sans effort, comme il avait la grâce de découper dans du papier très fin des avions qu'il lançait dans le ciel, du haut de notre terrasse, sur les maisons voisines... »

Consuelo, *Mémoires de la rose*

Lettre d'Antoine à Consuelo. Saint Exupéry se rend fréquemment à Toulouse. Après la dissolution de l'Aéropostale, il est entré comme pilote d'essai sur hydravions chez Latécoère. Lorsque Consuelo ne l'accompagne pas, il lui écrit des lettres tendres.

REGISTRE DU COMMERCE TOULOUSE B 349

SOCIETE ANONYME
DES
Grands Cafés de Toulouse
CAPITAL : 3.455.000 FRANCS
entièrement versés
SIEGE SOCIAL :
15, place Wilson, 15

CAFE-RESTAURANT LAFAYETTE
Téléphone 52
GRAND CAFE DE LA COMEDIE
Téléphone 22
GRAND CAFE GLACIER DES AMERICAINS
Téléphone 21
RESTAURANT DORE
15 *bis*, place Wilson

Toulouse, le 193

Mon trésor bien aimé
Tu me manques trop. Si je peux j'irai te voir
Dimanche. J'espère que tu es heureuse et fais la sieste
au soleil. Et que ma petite maman te soigne comme si
c'était moi. Et que tu deviens de plus en plus belle.

Antoine et Consuelo peu après leur mariage.

Mon Tonnio:

Je suis installé dans la plus belle chambre de la maison. Maman avait preparé tout pou. nous deux. Il faut que tu viens un peu pres d'elle . Ton livre et ton portrait l' on consolé de ne pas recevoir tes lettres.

Je suis tres bien ici mais loin de toi je ne suis pas contente. et toi mon amour? Je tachaire de rester ici quince jours, pas plus, Maman attende grande mere tante Mad, Oncl X, deux persons anglaises et Didi et cie, et je n aime pas etre obligé a certaine politese journaliere que on doit a la famille

Je te prie de te soigner serieusment , pense que je suis deçu de ne pas aller vivre avec toi dans le Marroc, car a Paris , les amis nous vole constantement l'un a l'autre.

Excuse moi de técrire a la machine. et laisse moi t'embrasser autant que je desire. -

Consuelo.

prends le the avec Me scapine, et vais Rinette au telephone le desir paus dire adieu —

Lettre de Consuelo à Antoine écrite de Saint-Maurice-de-Rémens.
(Transcription en fin de volume)

« Au milieu de la nuit, il me serra très tendrement, comme on serre un petit animal domestique, et, en s'excusant, il me dit : " Je ne sais pas encore être votre mari. Je vous demande pardon." »

Consuelo

« Il faut que ma femme soit patiente et oublie mes défauts. Il faut que ma femme soit bonne et oublie ma violence. Il faut que ma femme me rappelle que je suis tellement amoureux. »

Antoine, lettre à Consuelo

Lettre d'Antoine à Consuelo.
Mon amour,
Voilà trois jours que je suis ici. Tout est bien calme : les hangars, le terrain, les bureaux. C'est un été paisible où les courriers passent bien. Que Paris est loin et tous ses drames dont ici on ne s'occupe pas. Sous les fenêtres des bureaux, on cultive des capucines qui sont en fleurs.

HOTEL TERMINUS
ANCIEN HOTEL CHAUBARD
CAFÉ
En face la Gare
TOULOUSE
F. GALILÉE
R. C. Toulouse 4083 A

RICHES SALONS PARTICULIERS
ASCENSEUR - EAU COURANTE
TÉLÉPHONE 163
TOULOUSE, LE ... 193

Mon amour
Voilà trois jours que je suis ici. Tout est bien calme : les hangars, le terrain, les bureaux. C'est un été paisible où les courriers passent bien. Que Paris est loin et tous ses drames, dont ici on ne s'occupe pas. Sous les fenêtres des bureaux on cultive des capucines qui sont en fleurs. On disait une

Antoine et Consuelo.

Ainsi commence cette longue histoire à deux voix et à quatre mains, faite de ruptures et de retrouvailles et d'exils, mais dont l'incandescence ne s'arrêtera jamais. Le livre est donné à ses lecteurs. Sa rédaction a renvoyé Saint Exupéry à sa vraie quête, formulée déjà indirectement et confusément dans ses lettres. Écrire, c'est comme piloter : c'est veiller, être la lumière du monde, à l'écoute de ses mystères. Consuelo comprend ces choses-là, elle est avant tout poète, familière d'une civilisation qui jongle avec les mythes, qui les déploie dans des contes. C'est une femme du Nouveau Monde. Un être neuf que l'Ancien Monde ne peut accepter. Saint Exupéry, très tôt, lui attribue ce titre de conteuse et de poète. C'est elle qui sait écrire des histoires, elle l'écrivain, elle l'artiste... Lui, dit-il, ne saurait jamais écrire que sur lui-même, que méditer sur l'aventure des hommes et témoigner...

Antoine de Saint Exupéry.

Les années suivantes sont chaotiques. Les difficultés professionnelles de Saint Exupéry s'aggravent, de même que son caractère taciturne et angoissé. Marie de Saint Exupéry vend au cours de l'été 1932 le château de son enfance, les soucis financiers s'accumulent et Consuelo s'ennuie. Après l'euphorie des premiers mois et malgré le succès de *Vol de nuit*, couronné par le prix Fémina, les désillusions commencent. Elle se voit reléguée au second plan : Antoine est flatté par une cour d'admiratrices qui l'éloignent progressivement de sa femme. Consuelo découvre l'existence de celle qui sera sa rivale de toujours, qu'elle appelle « Mme E. » pour ne pas dévoiler, comme par superstition, sa véritable identité. Il s'agit de Nelly de Vogüé, riche industrielle mariée à un aristocrate qui aura sur lui un grand ascendant. Elle correspond en tous points au type de femme qu'Antoine a toujours préféré, grande, blonde, d'un caractère bien trempé. Amie des écrivains de l'écurie Gallimard (elle publiera d'ailleurs sous le pseudonyme d'Hélène Froment un roman à la NRF et, aussitôt après la mort de l'écrivain, sa première biographie chez Gallimard sous le pseudonyme masculin de Pierre Chevrier), elle entretient avec Antoine une relation privilégiée, plus intellectuelle que sensuelle. Elle lui fait lire les grands moralistes chrétiens du XVIIe siècle, Blaise Pascal, dont la pensée influencera durablement la rédaction de *Citadelle*. Femme libre, riche et puissante, elle comble de cadeaux Saint Exupéry et l'introduit dans de nombreux cercles mondains et littéraires auxquels il n'aurait pu accéder ni prétendre. Pour le petit aristocrate de province, déjà congédié par les Vilmorin, c'est une ascension qui ne le laisse pas insensible. Avec Nelly, le caractère de Saint Exupéry devient plus complexe encore. Sa vie ne parvient pas toujours à suivre sa pensée ; près de Consuelo, il privilégie la simplicité, l'amour, la fidélité ; mais, avec Nelly, il accepte et subit comme une fatalité ses propres infidélités, renie lui-même ses promesses.

Affiche de la NRF pour *Vol de nuit*. Préfacé par André Gide, le livre est dédié à Didier Daurat.

En cette année 1931, Antoine de Saint Exupéry est donné favori pour le prix Goncourt avec *Vol de nuit*.

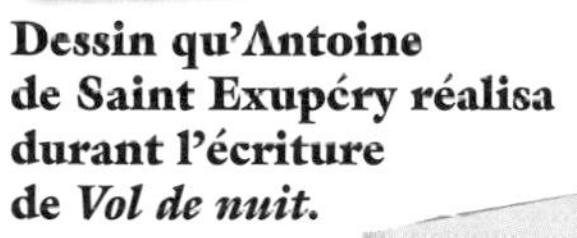

Dessin qu'Antoine de Saint Exupéry réalisa durant l'écriture de *Vol de nuit*.

Antoine de Saint Exupéry

Nuit Lourde

VOL DE NUIT

Tapuscrit intermédiaire de *Vol de nuit*. Le texte comporte de nombreuses corrections. C'est à deux qu'Antoine et Consuelo trouvent le titre du roman. Saint Exupéry avait un temps pensé à l'intituler *Nuit lourde*. Sur les conseils de Consuelo, il se décide pour *Vol de nuit*.

« Tonio me disait : Ma femme… Vous êtes ma raison de vivre. Je vous aime comme la vie… »

Consuelo

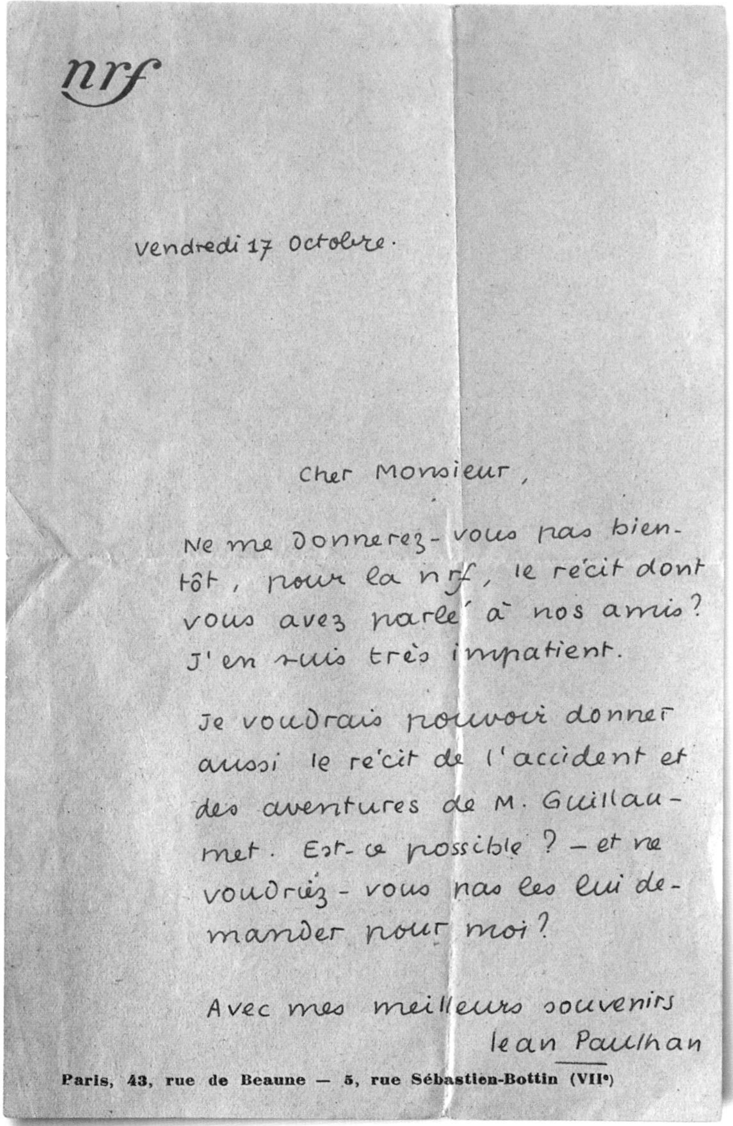

nrf

Vendredi 17 Octobre.

Cher Monsieur,

Ne me donnerez-vous pas bientôt, pour la nrf, le récit dont vous avez parlé à nos amis ? J'en suis très impatient.

Je voudrais pouvoir donner aussi le récit de l'accident et des aventures de M. Guillaumet. Est-ce possible ? – et ne voudriez-vous pas les lui demander pour moi ?

Avec mes meilleurs souvenirs
Jean Paulhan

Paris, 43, rue de Beaune — 5, rue Sébastien-Bottin (VIIe)

Lettre de Jean Paulhan adressée à Saint Exupéry.
Après le succès de *Vol de nuit*, Saint Exupéry poursuit son œuvre littéraire, encouragé par son éditeur. Le récit des aventures de Guillaumet sert de toile de fond à *Terre des hommes*, qui sort en 1938.

Le 4 décembre 1931, Saint Exupéry obtient le prix Fémina pour *Vol de Nuit* avec deux tiers des voix.

Tourbillon

« Tonio était débordé, affairé par les rendez-vous, les photographies, les invitations, les admirateurs et les admiratrices. Le succès grandissait de jour en jour. Je ne pouvais plus retenir tant de noms, nous manquions la moitié de nos rendez-vous. Nous n'avions plus un déjeuner pour nous tout seuls. Tonio n'écrivait plus, la vie se passait chez les autres. Mon mari était constamment au téléphone, même dans son bain. Mes nerfs n'en pouvaient plus. Le soir, il fallait aller à Deauville, à Honfleur ou à Bagatelle. C'étaient des allées et venues sans aucun sens. Les éditeurs, les journalistes, les agents étaient assis sur son lit. Nous n'avions plus une minute en tête à tête. À trois heures du matin, quand le téléphone se calmait enfin, Tonio s'endormait comme un mort et, de bonne heure, le téléphone recommençait sa litanie. »

Consuelo, *Mémoires de la rose*

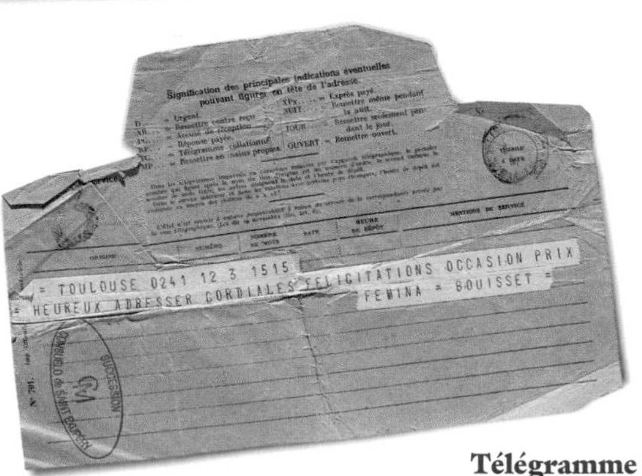

Télégramme de félicitations pour le prix Fémina.

[illegible]

Prière transmettre à St Exupéry Lauréat prix Femina félicitations conseil direction et personnel du [illegible] stop ajoutons compliments et félicitations affectueuses tous collaborateurs dont l'abnégation et le mérite sont aujourd'hui à l'honneur grâce aux précieux talents de leur camarade dont la modestie rehausse encore la valeur

Didier Daurat

Lettre de félicitations de Didier Daurat à Saint Exupéry.
« Nos collaborateurs dont l'abnégation et le mérite sont aujourd'hui à l'honneur grâce aux précieux talents de leur camarade dont la modestie rehausse la valeur. »

Saint Exupéry à la brasserie Lipp.

Entre bohème et déchirures

Médaille d'officier de la légion d'honneur que Saint Exupéry reçut en 1939.

De son côté, Consuelo, avec son caractère volcanique, accepte difficilement la situation et retrouve ses habitudes excentriques : elle aime la vie de bohème, le luxe, les soirées mondaines, les expositions de peinture, les toilettes et les voitures, qu'elle conduit toutefois trop vite, les originaux de tous milieux. Elle se trouve à l'aise aussi bien dans les palaces que chez des amis plus simples. Peu à peu, la vie à deux, rêvée et écrite, se défait et s'effiloche. Antoine et elle ne se voient plus guère, chacun sort séparément, chacun a ses amis. Consuelo rencontre plutôt des artistes, peintres et sculpteurs, s'essaie avec succès à la peinture, joue du piano, sans grande virtuosité mais avec sensibilité. Saint Exupéry fréquente des écrivains, sort des nuits entières avec Léon-Paul Fargue, dîne entouré d'admiratrices chez Lipp. Il retrouve quelquefois Consuelo pour déplorer la tournure que prend leur histoire, mais la délaisse pour retourner à ses soirées. « Tonio, raconte Consuelo, n'écrivait plus, la vie se passait chez les autres. »

À Paris, chacun pense que le couple ne durera pas. Certains même œuvrent à le défaire. Mais c'est méconnaître les sentiments qui les lient. Tous les deux se retrouvent dans cette vie d'artiste qu'ils affectionnent, dans cette poésie de l'instant qu'ils pratiquent, dans cette irresponsabilité qui les gouverne. Tous les deux dépensent sans compter, dilapident la moindre somme qu'ils possèdent, vivent ensuite comme des étudiants.

Saint Exupéry sait pourtant au fond de lui que Consuelo ne sera jamais la femme dont il a rêvé, modèle emprunté à la fois à sa mère, toute dévouée à ses enfants et au modèle chrétien. Nelly de Vogüé n'est pas davantage cette image de femme idéale à laquelle il aspire. Alors il sublime son rêve d'une épouse fidèle et servante et cherche à ce que Consuelo, sa femme légitime, unie à lui par les sacrements, s'en rapproche.

Les soucis financiers de cette époque conduisent Nelly à aider Saint Exupéry de manière substantielle : elle lui offre des cadeaux venant des plus grandes enseignes de Paris (malles de voyage, trousses de toilette, maroquinerie de luxe, stylos…) et lui achète même un avion pour faire de petits voyages. Consuelo menace, tempête, mais reste auprès de lui, comme si quelque chose de mystérieux les liait à jamais.

Il multiplie les emplois subalternes. Après une formation à Air France, il entre comme pilote d'essai sur hydravions chez Latécoère, à Toulouse, à Saint-Laurent-de-Salanque, à Saint-Raphaël. Consuelo le suit partout dans ses pérégrinations. Elle est dans son ombre, le laisse vivre ses passions et accepte ses errances : elle sait secrète-

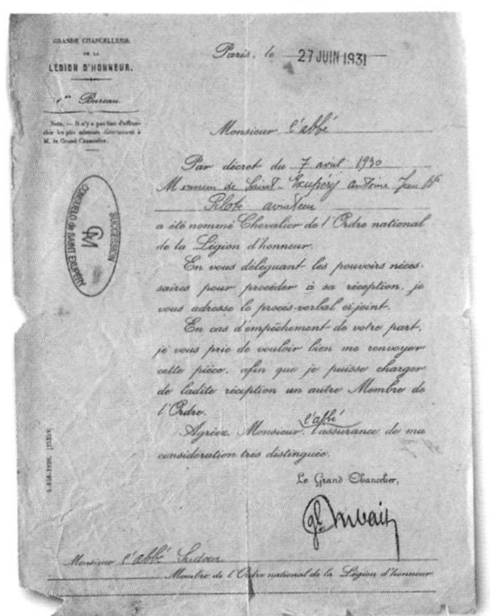

GRANDE CHANCELLERIE DE LA LÉGION D'HONNEUR.

1er Bureau

Paris, le 27 JUIN 1931

Monsieur l'abbé

Par décret du 7 avril 1930
M. de Saint Exupéry Antoine Jean Bte
Pilote aviateur
a été nommé Chevalier de l'Ordre national de la Légion d'honneur.

En vous déléguant les pouvoirs nécessaires pour procéder à sa réception, je vous adresse le procès-verbal ci-joint.

En cas d'empêchement de votre part, je vous prie de vouloir bien me renvoyer cette pièce, afin que je puisse charger de ladite réception un autre Membre de l'Ordre.

Agréez, Monsieur l'abbé, l'assurance de ma considération très distinguée.

Le Grand Chancelier,

SUCCESSION CONSUELO de SAINT EXUPÉRY

Monsieur l'abbé [illegible]
Membre de l'Ordre national de la Légion d'honneur

Nomination d'Antoine de Saint Exupéry à l'ordre de chevalier de la Légion d'honneur.

« Il ne pouvait pas marcher dix mètres dans la rue sans rencontrer des messieurs intelligents qui passaient leur vie au café. Alors on continuait à boire et à parler. C'était un enfer. Plus de foyer, plus de temps consacré à méditer, nous vivions comme dans une vitrine… pour le public. »
Consuelo

À la brasserie Lipp.
À droite de Consuelo, Léon-Paul Fargue, qui fut un des proches du couple. A côté et face à Saint Exupéry, deux journalistes, Marius Larique et Paul Bringuier.

Couverture américaine de *Vol de nuit*.
Le succès du livre traverse l'Atlantique. L'Amérique en achète les droits, Hollywood prépare une adaptation cinématographique avec Clark Gable et Montgomery Cliff dans les rôles principaux.

En 1935, Antoine effectue un raid de 11 000 kilomètres autour de la Méditerranée. L'équipage – Antoine de Saint Exupéry, Jean Prévot, son mécanicien, et Jean-Marie Conty – se pose sur le terrain d'aviation de Damas.

ment qu'elle a la part la plus belle. Nouvel accident en 1933 dans la baie de Saint-Raphaël, quatre jours avant Noël, à la suite d'une erreur de pilotage : il sombre avec son hydravion. Consuelo est installée alors à l'hôtel Continental, un palace à moitié vide à cause de la crise en Amérique. Ainsi profite-t-elle de nombreux avantages : une suite entière pour le prix d'une chambre, feux de cheminée dans les salons, attentions constantes du personnel, etc. De sa fenêtre, elle entend tout à coup un grand bruit venant de la baie, de la fumée s'élève. Elle pressent qu'Antoine a eu un accident. De nouveau près de lui, elle le veille, le protège. Elle redevient encore une fois l'épouse dont il rêve…

Progressivement, il s'attache à son « petit oiseau des îles », s'habitue à son pépiement, à son inimitable « frémissement ». Il n'écoute pas Nelly de Vogüé quand elle se plaint de son insupportable accent, de ses constants bavardages. Il est au contraire, aux yeux de son entourage, d'une incroyable indulgence et d'une patience infinie pour sa femme. Immature, il continue à la tromper impunément mais exige d'elle en retour la plus stricte fidélité. Il devient ombrageux et jaloux quand il voit que des hommes rôdent autour d'elle, des poètes, des médecins, mais se rassure quand son ami Maurice Sachs lui déclare : « Consuelo est une jeune femme un peu triste qui n'aime que vous. » Ses manières volubiles, ses grands

« J'adore ce métier. Vous ne pouvez pas imaginer ce calme, cette solitude à 4 000 mètres en tête à tête avec son moteur. »

Antoine

Flacon du parfum *Vol de nuit* appartenant à Consuelo.
Ce parfum, créé par Guerlain en 1933, tire son nom du roman. Le décor du flacon représente une hélice d'avion en mouvement.

Dédicace de Consuelo à Antoine sur un portrait datant de la fin des années 1920.

gestes, exaspèrent sa belle-famille, qui lui préfère de loin l'autorité aristocratique de Nelly de Vogüé. Mais Antoine résiste, et, contre son clan, défend sa femme, n'accepte jamais qu'elle soit critiquée. Il feint même de ne rien entendre des ragots qu'on lui débite sans cesse. Imperturbablement, il demande à sa mère, à sa sœur Didi, de veiller sur elle, comme pour tenter d'adoucir leur hostilité à son égard. Jusqu'à sa mort, il se tiendra à cette position, demandant à sa mère, au moment de l'exode, de protéger « la pauvre petite Consuelo, toute faible, toute abandonnée... Si elle se réfugie un jour dans le Midi, recevez-la, Maman, comme votre fille, par amour pour moi ».

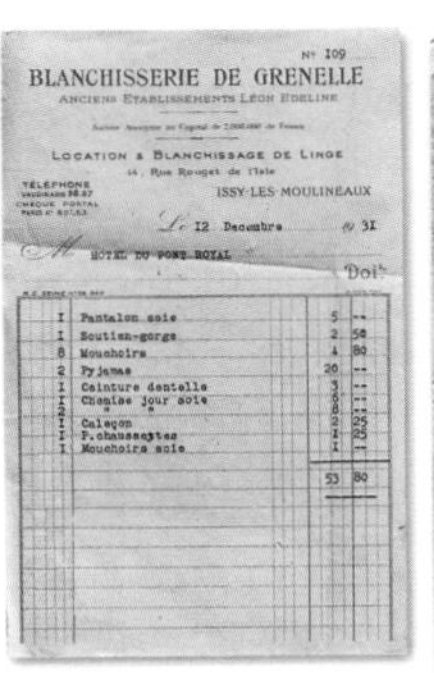
N° 109
BLANCHISSERIE DE GRENELLE
Anciens Établissements Léon Edeline
Location & Blanchissage de Linge
ISSY-LES-MOULINEAUX
Le 12 Décembre 1931
M. Hôtel du Pont Royal
Doit

1	Pantalon soie	5 --
1	Soutien-gorge	2 50
8	Mouchoirs	4 80
2	Pyjamas	20 --
1	Ceinture dentelle	
1	Chemise jour soie	
1	Caleçon	
1	P. chaussettes	
1	Mouchoirs soie	
		53 80

TÉLÉPHONE: LOUVRE 0-40

FREDRIK
TAILLEUR
20, RUE DES PYRAMIDES

Doit Monsieur de Saint Exupery.

Paris, le 16 septembre 1931

1931			
janvier	1	s/relevé au 1er janvier 1931	50 –
février	26	3 Costumes vestons à 1500	4500 –
"	"	2 Pardessus à 2000	4000 –
"	28	1 pre Bretelles	30 –
mars	2	1 pr Gants	140 –
"	"	2 Cravates à 75	150 –
"		Pardessus : remis en état, nettoyé par teinturier c. de fer	
		Costume veston beige : remis en état c. de fer	250 –
		Veston bleu : redoublé en tussor	
		Pantalon : changé doublure de fond mit talonnettes, coup de fer	150 –
			9270 –
mars	5	Reçu à valoir	5000 –
		Reste dû	4270 –

De mauvaises langues persistent à colporter, à l'instar d'un de ses chevaliers servants éconduits avant son mariage avec Gomez Carrillo, qu'elle a des pouvoirs magiques, qu'elle est une « sorcière ». Antoine préfère parler de fée qui va enchanter sa vie et lui porter chance, il l'appelle « plume d'or, la plus adorable femme du monde, la petite âme sauvage ».

Mais les crises conjugales ne cessent pourtant, dans ces années-là, de s'enchaîner. Ils déménagent, vont d'appartement en chambre d'hôtel, de la rue Castellane à la rue de Chanaleilles, dont ils sont expulsés avec saisie pour aller à l'hôtel du Pont-Royal. Ils vivent séparément et se retrouvent comme des amants à l'hôtel. Existence bohème et aléatoire qui convient à Antoine mais angoisse Consuelo.

Pour subvenir à leurs besoins, il accepte en 1934 des missions de conférences en France et à l'étranger, dépose des brevets d'invention, adapte pour le cinéma *Courrier Sud*, tandis que *Vol de nuit* sort sur les écrans parisiens. De grands quotidiens comme *Paris-Soir* et *L'Intransigeant* lui passent commande de reportages en Union soviétique, au Maroc, à Moscou, en Espagne. Il aime ce travail de grand reporter qui le place toujours aux premières loges de l'Histoire en marche, il n'aime, dit-il, que le « terrain ». Il ne ménage ni son corps ni son esprit, soumettant l'un comme l'autre à tous les dangers. Ce qu'il réclame, c'est de se frotter aux aspérités du monde. En décembre 1935, il veut tenter de battre le record Paris-Saigon. Consuelo tente de l'en empêcher. En vain.

Reçus de fournisseur au nom du comte de Saint Exupéry.
Dépensier et généreux, le couple vit dans les plus beaux hôtels parisiens.

PELLETERIES & FOURRURES
J. BOUTTERFASS
135 Boulevard du Montparnasse, PARIS
Paris, le 15 Juin 1931
B. P. F. 2.500
CRÉDIT LYONNAIS
C.L.P.
ZO
contre ce mandat
SUCCESSION CONSUELO de SAINT EXUPÉRY
à Monsieur le Comte de Saint Exupéry
10 rue de Castellane
Paris
payable 23 Rue Nolly
Casablanca

Tandis qu'il est parti, elle passe des heures dans l'atelier de son grand ami, le peintre

ROBES
MANTEAUX
FOURRURES
PARFUMS

Mag-helly présente ses respectueuses salutations à Mme Carrillo
10, rue de Castellane
et espère être honoré de sa visite pour sa nouvelle collection. 1932
avec un nouveau rayon complet de manteaux et de tailleurs

Invitation à un défilé de mode adressée au nom de Mme Carrillo. Malgré les difficultés financières qui pèsent sur le couple, Antoine et Consuelo mènent une vie mondaine tourbillonnante.

« Consuelo, petite Consuelo, je vous aime bien fort. Il faut m'aider à vous aimer. »
Antoine, lettre à Consuelo

Portrait de Consuelo.

Sac à main de Consuelo.

Montre de Consuelo.

« Mon cœur commença à rougir de jalousie. Mon sang espagnol se mit à bouillir. Il arrivait à la maison avec des mouchoirs pleins de rouge à lèvres, je ne voulais pas être jalouse, mais je devenais triste. »

Consuelo

« Consuelo est une jeune femme un peu triste qui n'aime que vous. »

Maurice Sachs à Antoine

Mes chagrins d'amour

« J'étais malheureuse, abominablement malheureuse. Je me confiais à tout le monde, à ma couturière, à mon docteur, à mon avocat, à ma meilleure amie, à tout Paris. Je croyais justement que le Tout-Paris s'apitoierait sur moi, qu'il me protégerait, me consolerait de mes chagrins d'amour. J'étais jeune et naïve. Il me restait encore une certaine énergie pour ne pas pleurer devant ceux qui se réjouissaient de mon désarroi. Un de mes amis me prêta la clé de sa garçonnière pour que je puisse aller y pleurer à mon aise. Je me réfugiais dans la garçonnière quand je n'en pouvais plus. Je pleurais de tout mon saoul, dès mon arrivée, je me déshabillais calmement et je commençais à pleurer, jusqu'à ce que la pendule sonnât l'heure du retour chez moi, où je devais encore remplir mes fonctions de maîtresse de maison. »

Consuelo, *Mémoires de la rose*

Antoine et Consuelo à Grenoble. Le couple vers 1935.

minuit

Bon nuit Tonnio

Je suis rentre parceque vous me l'avez demandez,, pourquoi, dois je rester seule avec mes derniers plummes d 'oiseau idiot, j'ai si froid, je me couche bien triste, peut etre un ange viendra me voir pendant mon sommeil.

C.

S.V.P.
ne me reveille pas

Lettre de Consuelo à Antoine. À Paris, Saint Exupéry prend l'habitude de sortir seul et Consuelo se sent délaissée.

« Je n'étais donc plus aimée. J'étais devenue cette femme-là : plus aimée. »
Consuelo

Au troisième jour d'attente, elle apprend par la presse qu'il a disparu. Elle est accablée de douleur, agace prodigieusement sa belle-mère par son comportement exubérant. Nouveau message d'Antoine : « C'est moi, Saint Exupéry, je suis vivant. » Elle part à sa rencontre, le rejoint à Marseille, se blottit dans ses bras devant toute la presse qui les mitraille : « J'étais devenue, écrit-elle, non pas un fruit qui tombe de l'arbre, mais une graine qui voulait être semée, plantée pour l'éternité. Je voulais habiter le cœur de mon mari. Il était mon étoile, il était ma destinée, ma foi, ma fin… Toutes les étoiles de l'univers, je les avais réunies dans mes pupilles pour l'en baigner. »

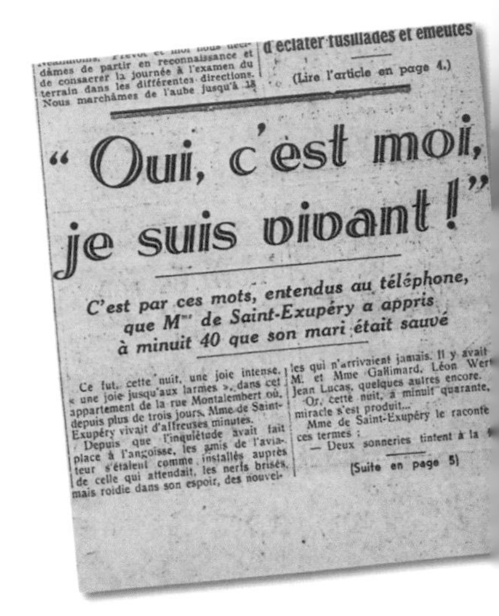

dâmes de partir en reconnaissance et de consacrer la journée à l'examen du terrain dans les différentes directions. Nous marchâmes de l'aube jusqu'à 18

d'éclater fusillades et émeutes

(Lire l'article en page 4.)

“ Oui, c'est moi, je suis vivant ! ”

C'est par ces mots, entendus au téléphone, que Mme de Saint-Exupéry a appris à minuit 40 que son mari était sauvé

Ce fut, cette nuit, une joie intense, « une joie jusqu'aux larmes », dans cet appartement de la rue Montalembert où, depuis plus de trois jours, Mme de Saint-Exupéry vivait d'affreuses minutes.

Depuis que l'inquiétude avait fait place à l'angoisse, les amis de l'aviateur s'étaient comme installés auprès de celle qui attendait, les nerfs brisés, mais roidie dans son espoir, des nouvelles qui n'arrivaient jamais. Il y avait M. et Mme Gallimard, Léon Wert Jean Lucas, quelques autres encore.

Or, cette nuit, à minuit quarante, miracle s'est produit…

Mme de Saint-Exupéry le raconte ces termes :

— Deux sonneries tintent à la

(Suite en page 5)

Du Caire, le 3 janvier, après avoir été retrouvé, Saint Exupéry avait écrit à sa mère : « C'est terrible de laisser derrière soi quelqu'un qui a besoin de vous comme Consuelo. On sent l'immense besoin de revenir pour protéger et abriter, et l'on s'arrache les ongles contre ce sable qui vous empêche de faire son devoir, et l'on déplacerait des montagnes. » Mais il a besoin d'ajouter, comme le signe de cette

Saint Exupéry et Jean Prévot, son mécanicien, à la veille du départ pour le raid Paris-Saigon.

« J'ai aimé ma panne de Libye
et la nécessité qui me faisait marcher,
et le désert qui me dévorait peu à peu. »
Antoine

Saint Exupéry devant l'épave du Simoun dans le désert.
Après 19 heures et 18 minutes de vol, l'avion s'est écrasé à la frontière de la Libye et de l'Égypte.

On aime mieux dire du mal de soi-même que de n'en point parler.
LA ROCHEFOUCAULD.

EXCELSIOR

PARIS, 20, RUE D'ENGHIEN (Xme)

SAMEDI 4 JANVIER 1936

par téléphone...

...le nouveau chapitre de "VOL DE NUIT" de Saint-Exupéry

Saint-Exupéry (à droite) et Prévot examinent, sur l'aile de leur avion, les bulletins météorologiques avant leur départ pour Saigon.

L'accident

De la nuit du départ à la nuit de la libération...

par M. LÉON WERTH

(Suite page 3, colonne 1.)

LA FEMME DU MECANICIEN PRÉVOT N'A JAMAIS DOUTE...

(Suite page 3, colonne 2.)

Mme PRÉVOT, la femme du mécanicien qui accompagnait Saint-Exupéry dans son raid.

APRÈS CINQ JOURS D'ANGOISSE... la mère et la femme de Saint-Exupéry sont tout au bonheur d'avoir appris la nouvelle qu'elles n'attendaient plus, mais qu'elles espéraient toujours.

Dans un grand café de la rive gauche, les amis du pilote-écrivain participent à la joie de Mme de Saint-Exupéry (X), que son mari venait de prévenir par téléphone de son arrivée au Caire, sain et sauf.

SAINT-EXUPERY ET PREVOT SAUVES

La lutte contre la soif en plein désert

(Suite de la page 1, colonne 1.)

Le premier soleil

La dernière nuit

La fin de l'aventure

Le troisième jour

SOUVENIRS D'UNE MERE SUR UN ENFANT PRECOCE

A vingt ans président d'un comité politique

De la nuit du départ à la nuit de la libération

(Suite de la page 1, colonne 3.)

Léon WERTH.

Mme PRÉVOT A TOUJOURS EU CONFIANCE

(Suite de la page 1, colonne 4.)

L'ÉPAVE DE L'HYDRAVION "CITY OF KHARTOUM" A ÉTÉ REPÊCHÉE

LES AVIATEURS PHARABOD ET KLEIN CITÉS A L'ORDRE DE LA NATION

Coupures de presse du 4 janvier 1936.
La presse couvre largement l'expédition du désert. Du Caire, Saint Exupéry multiplie les interviews et récits pour les grands journaux. Son aventure sera en partie reprise dans *Terre des hommes*.

Jours d'angoisse

« Le premier soir, nous eûmes les premières nouvelles de notre pilote : tout allait bien. “Ciel pur. Vent nul. On avance”, tel était le télégramme que me faisait parvenir Tonio. La deuxième journée d'attente fut vide et nouvelle. Pas d'espoir. Je veillais. Le téléphone restait muet et immobile près de mon oreiller. Vers le soir, des amis vinrent. Ce silence devenait inquiétant. Plus de nouvelles. Chacun arborait son visage de catastrophe. Le silence grandissait autour de nous. Le troisième jour, tous les journaux titrèrent : “Saint Exupéry a disparu dans son raid Paris-Saigon.” Désespoir. Douleur. Je me tordais d'angoisse et de souffrance. Je me doutais du malheur. Et puis vint un message, immense, sauveur. “C'est moi, Saint Exupéry, je suis vivant.” Je partis aussitôt avec sa mère pour Marseille où il devait accoster, rapatrié de son épopée. »

Consuelo, *Mémoires de la rose*

Le 20 janvier , Saint Exupéry arrive à Marseille à bord du *Kaswar Alexandria*. Consuelo l'accueille en présence d'une foule de journalistes, reporters et admirateurs.

À Paris, Saint Exupéry, au retour du raid, pose avec Consuelo pour les photographes. Mais les retrouvailles sont de courte durée. Criblé de dettes, le couple quitte son appartement pour s'établir au Lutétia dans deux chambres séparées.

« C'est terrible de laisser derrière soi quelqu'un qui a besoin de vous comme Consuelo. On sent l'immense besoin de revenir pour protéger et abriter, et l'on s'arrache les ongles contre ce sable qui vous empêche de faire son devoir, et l'on déplacerait des montagnes. »

Antoine

enfance en lui rivée et jamais guérie : « C'est un peu pour Consuelo que je suis rentré, mais c'est par vous, maman, que l'on rentre. »

La mélancolie originelle dont il est affecté depuis l'enfance ne le lâche donc pas, malgré les succès littéraires, malgré les épreuves professionnelles, malgré Consuelo. Les événements politiques viennent alourdir sa nature pessimiste et saturnienne. Il voit le monde s'enliser dans la barbarie et le malheur. Il commence à se rapprocher de plus en plus du christianisme, quelque peu délaissé jusqu'alors : « Sans cette religion, écrit-il dans ses *Carnets*, l'homme tend vers le barbare. » Il exalte les vertus de la prière, celle qui « fait naître l'amour dans les cœurs ».

La guerre d'Espagne l'effondre. Elle va donner lieu à l'un de ses plus forts reportages pour *L'Intransigeant*, titré : « On fusille ici comme on déboise ».

Que fait Consuelo pendant ce temps ? Elle déplore l'instabilité d'Antoine, mais renonce à le faire changer : « Tonnio avait besoin de terres plus douces, de choses plus tendres, de bagages plus légers qu'on peut déposer n'importe où… »

Lui continue son errance. Il n'est finalement jamais aussi heureux (mot très rare dans son vocabulaire) que lorsqu'il pilote, seul, aux commandes de l'un de ses avions. Il vient justement d'en acquérir un, offert encore par Nelly de Vogüé, le tout nouveau Simoun. Pour Air France, il part prospecter une nouvelle route aérienne de Casablanca à Dakar : toujours le même désir d'ouvrir des voies,

« Chaque soir, dans nos modestes chambres de l'hôtel du Pont-Royal, il dépliait et repliait nos cartes de géographie. Il me parlait de Bagdad, de villes étranges… »

Consuelo

Saint Exupéry dans le parc du Retiro à Madrid.
En 1936, *L'Intransigeant* dépêche Saint Exupéry pour couvrir la guerre civile. Il rédige cinq articles qui paraissent sous le titre « Espagne ensanglantée ».

Saint Exupéry arrivant gare Saint-Lazare. Écrivain de renom, Saint Exupéry s'impose aussi comme journaliste. De Moscou à la Roumanie en passant par l'Espagne, il parcourt l'Europe et dénonce la folie des hommes.

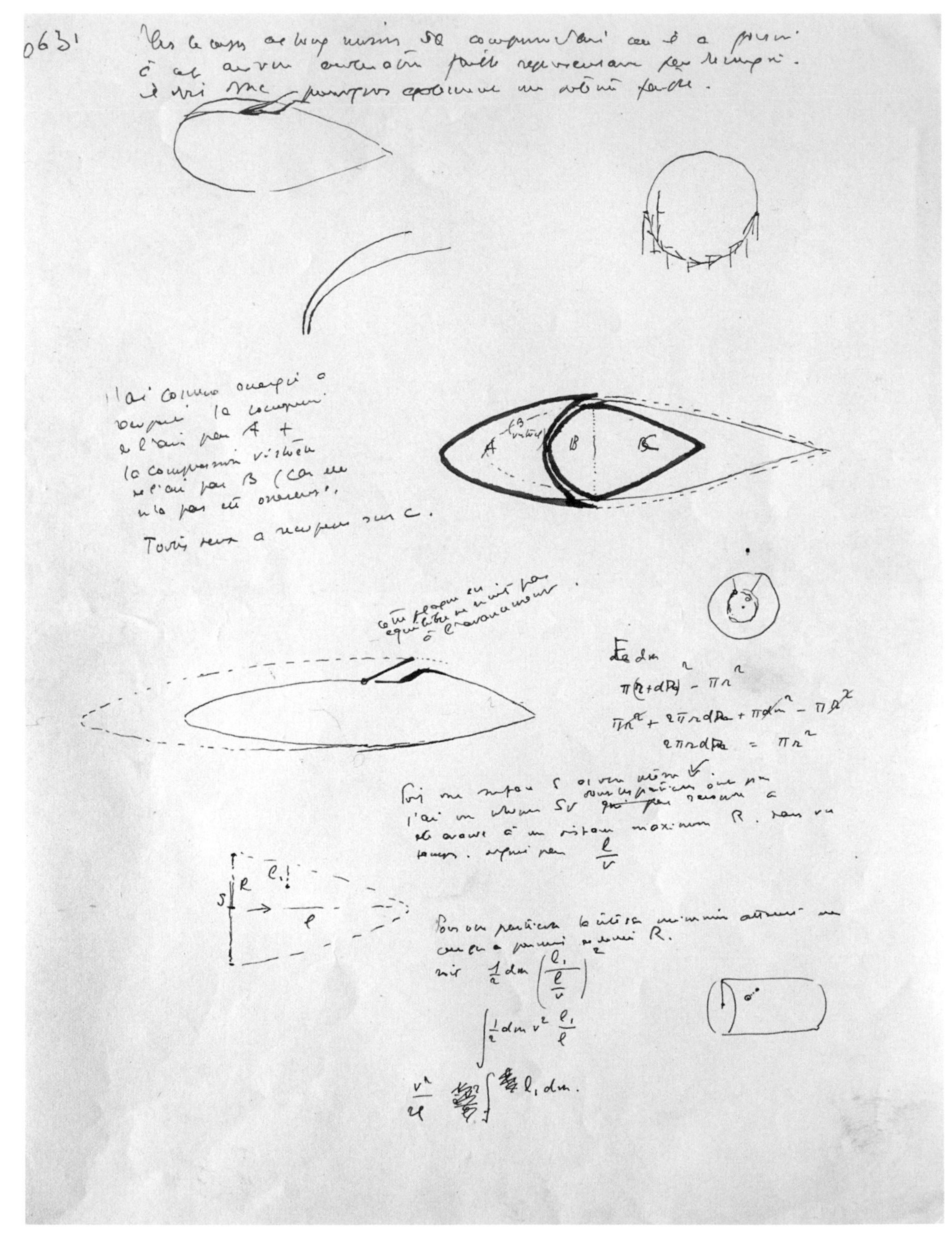

Croquis d'Antoine de Saint Exupéry. Les revenus tirés de ses articles et de ses œuvres littéraires restent insuffisants. Saint Exupéry tire alors ses ressources financières des nombreux brevets d'aviation qu'il dépose.

Les brevets de Saint Exupéry

« Ses forces physiques et psychiques étaient rassemblées, accordées entre elles et presque inépuisables. Quand je le grondais parce qu'il faisait trop de mathématiques, qui me semblaient si rébarbatives, il répondait par un large rire et par la même phrase : "Quand je serai mort, je ne me fatiguerai plus !" Il oubliait sa grande taille d'arbre, il se heurtait toujours la tête aux portes, inévitablement. Quand il entrait dans un taxi, il se cognait chaque fois le front, il souriait et décrétait que c'était pour s'exercer à de plus graves chutes... Généralement, il perdait ses chaussures dans sa chambre. Il demandait à ses amis de chercher avec lui : les chaussures pouvaient être aussi bien sur la cheminée, dans le tiroir de sa table de travail, parmi ses papiers, cachées derrière les journaux ! »

Consuelo, *Mémoires de la rose*

Saint Exupéry et Guillaumet au poste de pilotage d'un Laté 521, à Biscarosse, en 1939.

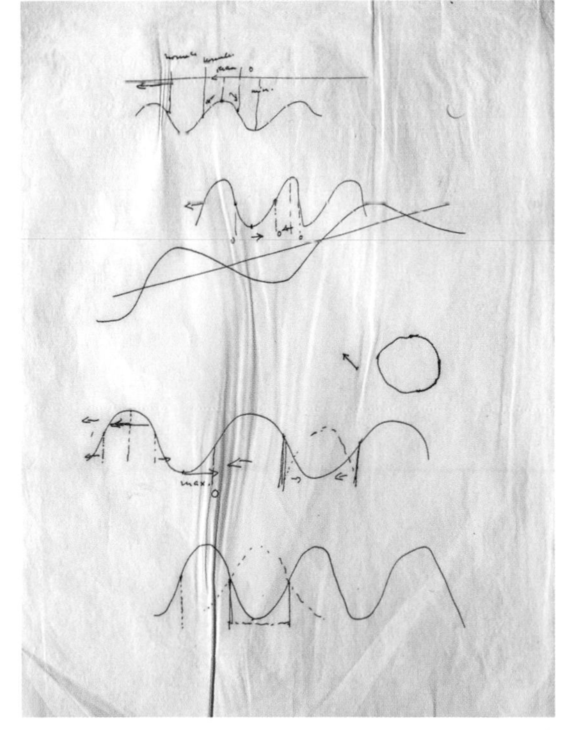

« Pilote, poète, physicien, magicien des tours de cartes... Il passait de la spéculation au tour de cartes et inversement avec aisance. »

Léon Werth

de tracer des chemins entre les hommes, de les faire se rejoindre. Il retrouve avec une joie non dissimulée le grand désert, les étendues immenses et vides qui lui donnent l'idée non pas de la solitude, mais de l'infini : « Je cherchais les postes comme des îles en pleine mer. J'étais heureux », confie-t-il.

Cette année 1937, faute de gagner de l'argent, il travaille beaucoup à ses brevets. Il en dépose plusieurs, pour l'atterrissage sans visibilité, pour un goniographe, pour la lecture d'appareils indicateurs. Alors que l'année s'achève, Antoine a invité sa sœur à les rejoindre, lui et Consuelo. Mais devant l'intimité et la complicité qui lient Antoine et Didi, Consuelo décide de quitter le foyer conjugal : « Voici la clé, lui dit-elle. Je ne peux pas rester avec un mari qui me renie. »

Incapable de rétablir la situation, il décide, comme il l'a toujours fait, de fuir. Consuelo lui annonce qu'elle part pour l'Amérique du Sud. Il lui dit qu'il va à New York. : « Je ferai peut-être un nouveau raid, peut-être ne reviendrai-je pas, car je n'ai pas envie de revenir. Je n'aime pas, je n'aime plus... »

Brosse et miroir de Consuelo.

« Notre ménage, bâti sur les sables d'Afrique, n'allait pas bien sur le macadam trop lisse de Paris. Tout y était plat, gris, lisse. Il fallait pour garnir et embellir cette mélancolie, des larmes, du champagne, des mensonges et des infidélités... »

Consuelo

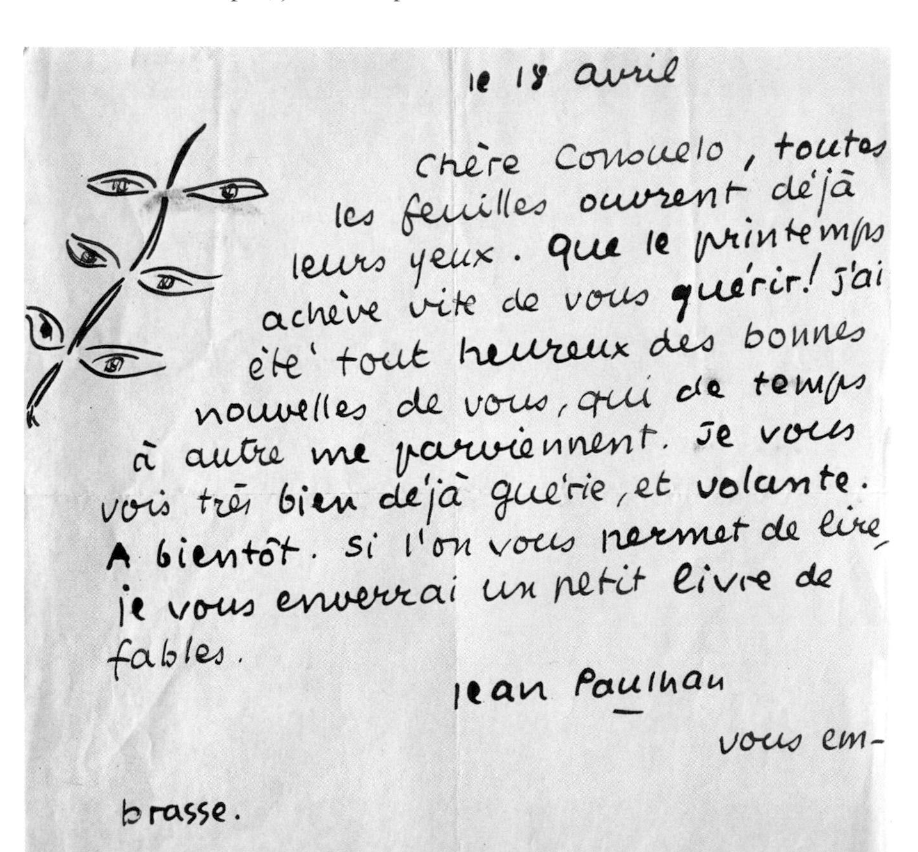

le 18 avril

chère Consuelo, toutes les feuilles ouvrent déjà leurs yeux. que le printemps achève vite de vous guérir! j'ai été tout heureux des bonnes nouvelles de vous, qui de temps à autre me parviennent. Je vous vois très bien déjà guérie, et volante. A bientôt. si l'on vous permet de lire, je vous enverrai un petit livre de fables.

Jean Paulhan

vous embrasse.

Lettre de Jean Paulhan à Consuelo.

« Consuelo,
j'ai terriblement froid
dans le cœur.
J'ai besoin
de t'entendre rire,
petite fille,
mon amour,
que de jours
affreusement tristes
j'ai passés
loin de toi. »

Antoine, lettre à Consuelo

Consuelo de Saint Exupéry (à gauche) photographiée par Man Ray.
Consuelo, de plus en plus délaissée, mène sa propre vie, sort beaucoup et fréquente les surréalistes.
Par l'intermédiaire d'André Breton, elle fit la connaissance de Man Ray.

« Il y eut l'appartement de la place Vauban, sa terrasse d'où l'on voyait Paris et toutes ses tours Eiffel et d'où Saint Exupéry contemplait le monde comme s'il ne fut jamais monté plus haut. »

Léon Werth.

Antoine dans l'appartement de la place Vauban.
En 1936, le couple s'installe place Vauban. Chacun dispose de son propre appartement. Antoine désire ce qu'il y a de plus beau pour sa femme. Jamais avec elle mais jamais sans elle semble la devise de l'écrivain.

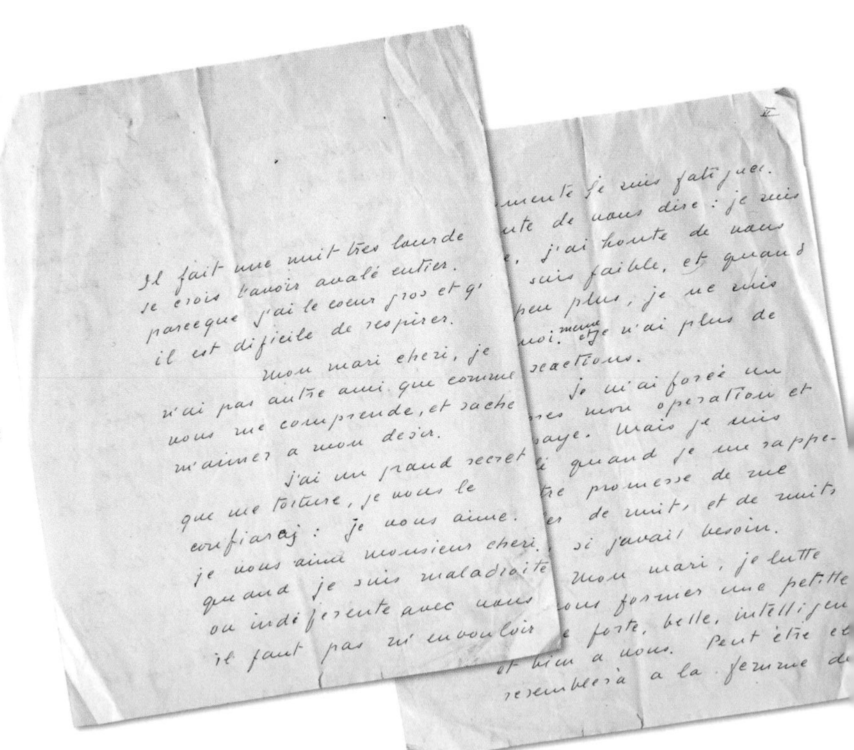

Il fait une nuit très lourde
je crois t'avoir avalé entier.
parceque j'ai le coeur gros et qu'
il est dificile de respirer.
Mon mari cheri, je
n'ai pas autre ami que comme
vous me comprende, et sache
m'aimer a mon desir.
J'ai un grand secret
que me torture, je vous le
confiaraj : je vous aime.
je vous aime monsieur cheri.
quand je suis maladroite
ou indiferente avec vous
il faut pas m'en vouloir

Lettre de Consuelo à Antoine.
« Il fait une nuit lourde, je crois t'avoir avalé tout entier parce que j'ai le cœur gros et qu'il est difficile de respirer. Mon mari chéri, je n'ai pas d'autre ami qui me comprenne et sache m'aimer selon mon désir. J'ai un grand secret qui me torture, je vous le confierai : je vous aime. Je vous aime, monsieur chéri. »
(Transcription complète en fin de volume)

« Je voulais
habiter le cœur
de mon mari.
Il était mon étoile,
il était ma destinée,
ma foi, ma fin... »
Consuelo

Consuelo dans les années 1930, place Vauban.

Carnet de croquis réalisés place Vauban. Sur les pages de ce petit carnet se succèdent des dessins d'Antoine et Consuelo. Malgré la vie commune qui se délite, des liens invisibles et passionnels semblent toujours unir le couple.

Dessins d'Antoine.

Le silence à deux

« Il y avait trop d'allées et venues à la maison. La nuit, j'errais dans les longs couloirs, rêvant quelquefois d'un petit village de la côte d'Afrique où je pourrais vivre tranquillement avec Tonio, plongé dans ses manuscrits qui seraient la seule séparation entre nous deux. Les soirées, pleines de guitares, étaient aussi pleines de pièges.
Les visages de Picasso, de Max Ernst, de Duchamp, des surréalistes, de tant d'écrivains, peintres ou cinéastes, ne suffisaient pas à me rassurer.
Il manquait l'intimité, le silence à deux. »

Consuelo, *Mémoires de la rose*

Dessins de Consuelo.

« Ma petite femme,
Nous ne sommes pas faits pour cette vie-là.
Je t'emmènerai dans de beaux pays où demeure un peu de mystère et où le soir est frais comme un lit et délasse les muscles du corps et où on apprivoise les étoiles. »

Antoine, lettre à Consuelo

Le nouveau raid est déjà programmé : il veut battre le record New York-Terre de Feu. Mais le 14 février, à bord de son Simoun, il s'écrase au Guatemala. Trente-deux fractures, « onze mortelles », comme le précise le télégramme qui annonce l'accident à Consuelo. Elle est dans le transatlantique qui l'emmène justement (Ô destin !) au Guatemala. On provoque une escale exceptionnelle pour elle à Puerto Barrios, d'où elle prendra un avion pour Panamá. Le lien se retend. À l'hôpital, Saint Exupéry se bat contre la mort, il est défiguré ; Consuelo le veille, reste à son chevet des semaines entières, puis... il lui demande de rentrer en France ; la congédie, en quelque sorte. Nouvelle souffrance, nouveau départ... « Peu à peu, je me tus, peu à peu j'appris à enfoncer mes sentiments dans l'oubli », dit simplement Consuelo.

« Je ferai peut-être un nouveau raid, peut-être ne reviendrai-je pas, car je n'ai pas envie de revenir. Je n'aime pas, je n'aime plus... »
Antoine à Consuelo

Désormais, la vie du couple se passe en constants va-et-vient presque vaudevillesques. Ils habitent successivement place Vauban, l'hôtel Lutétia, rue Barbet-de-Jouy, rue Michel-Ange. « C'était ainsi notre vie, dans ces chassés-croisés. D'amour et de séparations », déclare-t-elle.

Portrait de Consuelo à la veille du départ pour Le Havre.

Saint Exupéry achève la rédaction de *Terre des hommes* tandis qu'elle décide de gagner sa vie par ses propres moyens en animant pour les émigrés espagnols de la capitale une émission de radio en langue espagnole. Nelly de Vogüé, pendant cette période, travaille au succès littéraire de Saint Exupéry. C'est elle qui participe en sous-main au triomphe de *Terre des hommes*, faisant la rumeur, présentant son protégé à ses amis, bâtissant déjà sa légende. Elle aussi qui participe au triomphe américain du livre, choisi dès février comme « Livre du mois » et qui remporte en France le grand prix de l'Académie française. Mais Consuelo demeure la préoccupation constante de Saint Exupéry. Il s'enquiert d'elle, la protège, ne peut y renoncer. Il loue pour elle en juillet 1939 le petit château de La Feuilleraie, une folie de pierre blanche en forêt de Sénart. Il la rejoint régulièrement, à l'improviste ; Consuelo l'accueille avec des fleurs, dresse la table qu'elle décore elle-même. Il dîne puis rentre à Paris.

Passeport de Consuelo.

Il continue de produire des brevets, pour le démarrage des moteurs, pour le contrôle des moteurs en vol... Son activité frénétique compense d'une certaine manière la précipitation des événements. Les menaces de conflit se font de plus en plus précises. Le 3 septembre 1939, la France entre en guerre. Sa nature profondément dépressive, dont il s'était toutefois libéré dans *Terre des hommes* en écrivant ce chant d'espoir, va trouver un exutoire dans le combat qui s'engage. C'est dans le martyre accepté, affirme-t-il, que les hommes vont retrouver leur dignité. C'est par « la voie du sacrifice gratuit » que le lien entre eux va se retisser. Cette idée désormais conduira toute son existence.

Départ pour Le Havre, janvier 1938. Consuelo et Antoine embarquent chacun pour une destination différente. Saint Exupéry se prépare à un nouveau raid qui doit lui permettre de relier New York à la Terre de Feu. Consuelo, elle, doit prendre un bateau qui la ramènera au Salvador.

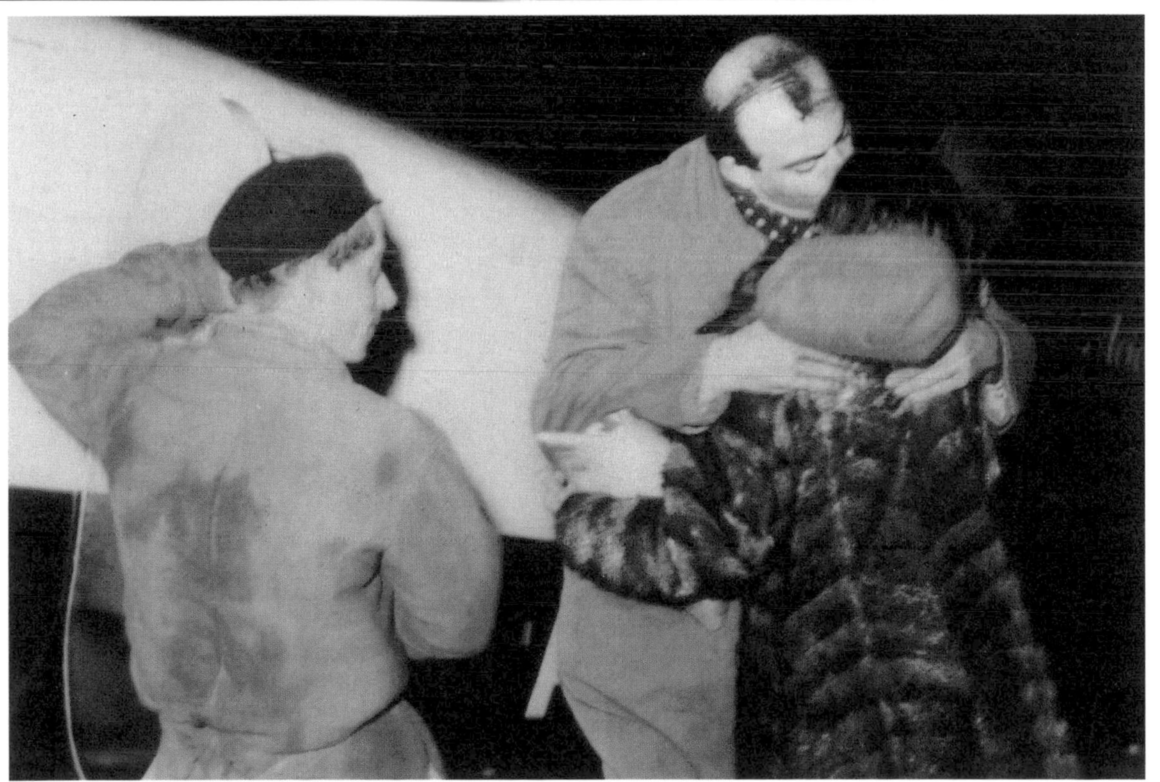

Saint Exupéry embrasse Consuelo avant de s'embarquer dans son Simoun.
L'avion subira un crash tragique au Guatemala. Consuelo recevra un télégramme terrible :
« TON MARI GRIEVEMENT BLESSE 32 FRACTURES DONT 11 MORTELLES. »

Angers, le Dimanche

Chère Consuelo.

Que devenez vous ? Paris ?
Amerique ?
Afrique ?
Asie ?
Oceanie ?
Etoiles ?

Je vous embrasse fraternellement

J.

J. Bonin
Sergent au 8I Bataillon du genie
I Cie
via Caserne Eblé Angers

Lettre adressée à Consuelo à La Feuilleraie.

Saint Exupéry en 1939.

Carnet de Consuelo.
Dans ce petit herbier, Consuelo collait des trèfles à quatre feuilles.

Consuelo à *La Feuilleraie*.
Habitant cette vaste demeure louée par son mari dans la forêt de Melun-Sénart, Consuelo anime des émissions radiophoniques destinées aux réfugiés espagnols.

« Mon amie
était jeune.
Elle ne connaissait
rien aux scènes de ménage,
aux ruptures,
aux pactes de silence
quand les maris
ne sont plus fidèles,
ni amoureux. »

Consuelo

Mi-célibataire, mi-marié…

« La situation de Tonio s'était améliorée. Sa promotion au grade d'officier de la Légion d'honneur, son succès avec *Terre des hommes*, avaient fait de lui un écrivain reconnu et admiré. Nous n'avions pas repris la vie commune, sans pour autant nous séparer. C'était notre amour, la fatalité de notre amour. Il me loua une grande maison à la campagne, le domaine de La Feuilleraie. Il se plaisait dans sa nouvelle vie, mi-célibataire mi-marié. Il habitait sa garçonnière, et moi, la campagne. À La Feuilleraie, il venait régulièrement, même plus que je ne le voulais. Il arrivait et, quand il savait que j'avais des amis à déjeuner ou à dîner, il se rendait dans un petit bistrot du village, où il m'écrivait des lettres de dix, quinze pages. Des lettres d'amour comme je n'en ai jamais reçu de ma vie. »

Consuelo, *Mémoires de la rose*

“J’attendais tous les jours de tes nouvelles, j’aimais surtout tes télégrammes, brûlés, angoissés, amoureux.”

Consuelo

D’Oppède à New York

Le 10 juin 1940, Saint Exupéry déboule comme un fou à La Feuilleraie. Il exige de Consuelo qu’elle se rende tant que c’est encore possible à Pau, en zone libre. Consuelo se plie à ses injonctions sans appel. C’est la défaite, puis l’exode. Consuelo est sur les routes, seule et désemparée. Saint Exupéry, qui a rejoint depuis novembre 1939 le groupe 2/33 en cantonnement à Orconte, près de Saint-Dizier, s’est jeté dans la bataille avec une violence mystique presque suicidaire. La mission de reconnaissance sur Arras, qui sera un des morceaux de bravoure de *Pilote de guerre*, l’exalte et le place à son juste lieu, celui du don de soi et de la compassion envers les hommes. Une douleur secrète le talonne et l’obsède : « Je nous voudrais tous réunis autour d’une table blanche. » C’est toute son enfance, déliée, pulvérisée par la guerre et les « préoccupations de [son] époque » qui resurgit. « Je suis terriblement peu satisfait », explique-t-il à « maman chérie ». Le livre qu’il voudrait écrire lui semble en contradiction avec ce qu’aiment ses contemporains : « Un livre qui donnerait à boire », dit-il... Les officiers du 2/33 sont envoyés à Alger le 20 juin. Saint Exupéry veille de loin sur Consuelo, « la pauvre petite Consuelo toute faible [qui] me cause une pitié infinie ». Mais il la sait forte et courageuse. Il lui indique quelques points de chute dans les Pyrénées, quelques noms d’amis sûrs, et, surtout, lui déclare, avant de partir, qu’il faut encore une fois attendre, comme si, toujours, devait être repoussé le temps des retrouvailles définitives. Elle reçoit quelques lettres de lui promettant son retour ; elle loge alors dans une ferme louée par des amis grecs au-dessus de Pau, le Castel Napoli. Elle attend encore quand, en octobre, lui parvient la nouvelle de sa venue. Rendez-vous est pris à Pau, à l’hôtel Central. Consuelo s’y rend comme à une première rencontre. Il dort quand elle entre dans

À la base d’Athies-sous-Laon (Marne, décembre 1939).
Sur un billard qui sert de table de travail au groupe de reconnaissance au 2/33, Saint Exupéry commente l’un de ses brevets. Ses inventions sont entrées dans l’Histoire.

« Je n’ai pas le goût de la guerre, mais il m’est impossible de rester à l’arrière, et de ne pas prendre ma part de risque. »

Antoine

Le capitaine de Saint Exupéry à la base de Toulouse-Francazal (septembre 1939).

la chambre, il la regarde à peine, lui dit qu'il n'a que quelques heures pour se reposer avant de repartir à Agay, puis à Vichy, pour obtenir un visa pour les États-Unis.

« Écoutez-moi, je vous conseille vraiment de rentrer », dit-il à Consuelo en la congédiant…

Quelques jours tard, nouveau rendez-vous à Pau. De là, Saint Exupéry, très amoureux, emmène Consuelo à Lourdes pour qu'elle puisse accomplir le vœu qu'elle avait fait d'aller boire à la fontaine miraculeuse si Antoine rentrait sain et sauf de la guerre. Puis nuit d'amour à l'hôtel Ambassador : « Ma Consuelo, je vous demande pardon de toutes les peines que je vous ai faites, et que je vous ferai encore et encore… »

Toujours en octobre 1940, Saint Exupéry se rend à Oppède-le-Vieux, village en ruine du Luberon, accroché à un piton rocheux, situé à une quarantaine de kilomètres d'Avignon. Depuis l'exode, entre juin et septembre, des civils repliés se sont réfugiés dans ce village sur une idée de Georges Brodovitch, dont le frère Alexeï, directeur du Harper's Bazar, a acquis, à Oppède, un moulin à huile et un prieuré. Tous anciens élèves de l'École des beaux-arts de Paris, ils veulent former un petit atelier d'architecture où, face au désastre généralisé, ils perpétueront l'art et la civilisation européenne.

Plus tard, en 1943, Saint Exupéry évoquera ce court séjour qui ne peut que le séduire. Le retour à la terre, le fantasme de la communauté repliée sur elle-même, un groupe de bons amis, c'est tout ce à quoi il aspire. Oppède est à ses yeux le lien retrouvé, « le troupeau », enfin renoué. « J'ai découvert, écrit-il, la carriole et le cheval… Et l'herbe aussi avait un sens, puisque [les moutons] la broutaient… Et je me suis senti revivre dans ce seul coin du monde où la poussière soit parfumée. Et il m'a semblé que, durant toute ma vie, j'avais été un imbécile. » Selon son habitude, Antoine enchante et amuse ses hôtes : il raconte des chapitres de *Pilote de guerre* qu'il n'a pas encore écrits, fait des « tours de cartes fantastiques, ajoutant, selon un des pensionnaires, Yves Rémy, un côté irréel et poétique à notre vie ».

Consuelo, pendant ce temps, quelque peu délaissée et dépitée de savoir Saint Exupéry dans le sud de la France sans qu'il cherche à la retrouver, séjourne à Air-Bel où se sont retrouvés poètes et peintres du groupe surréaliste : Max Ernst, Benjamin Péret, Tristan Tzara et René Char, Adamov, aussi, qui rend visite au Groupe…

Mais début novembre, Saint Exupéry songe déjà à quitter la France : nouveau départ pour Alger… À Consuelo, il déclare : « Vous resterez seule à attendre… » Il veut la laisser en lieu sûr, pense à Oppède, la confie à Bernard Zehrfuss, prix de Rome 1939,

« La vieille utopie des communautés fraternelles, monacales ou socialistes prenait racine en moi. J'arrivai dans ce village, beau, fou, plein de mistral. »

Consuelo

Le village d'Oppède-le-Vieux. Avec ses maisons abandonnées ou en ruine, Consuelo y trouve refuge après la débâcle de 1940 et le départ d'Antoine pour New York.

L'atelier. Consuelo, qui se fait appeler Dolorès, intègre une petite communauté d'artistes qui prône la résistance.

À Oppède. Chaussée de sabots de bois, Consuelo apprend à faire le pain, à filer et à tisser la laine.

récent pensionnaire du Groupe et… grand séducteur, qui tombera inévitablement amoureux de Consuelo. Antoine et Consuelo sont désormais tous deux seuls et libres.

Mais les événements s'aggravent à partir de l'entrevue du 24 octobre de Pétain et d'Hitler à Montoire. Les choix commencent à se dessiner pour les Français. Saint Exupéry s'inquiète de ce qu'ils aient, un jour proche, à devoir prendre parti, à être acculés à une véritable guerre civile.

À Oppède, cependant, Consuelo enchante ses amis par ses contes et ses fantaisies. Les rares habitants du village la trouvent excentrique et originale mais, quoique le Groupe n'ait guère de relations avec eux, elle parvient à nouer des contacts et à les amuser par ses bons mots et son franc-parler. Un des membres de la « cité idéale », Jean Auproux, racontera dans ses souvenirs qu'elle « était notre invitée de luxe mais elle-même faisait des efforts pour s'incorporer au Groupe, participer à l'effort commun ». Elle invite à son tour ses amis surréalistes d'Air-Bel : Duchamp, Ernst se rendent ainsi à Oppède. Malgré son amitié amoureuse avec Zehrfuss, elle ne cesse de penser à Saint Exupéry. Elle compare son mariage à un «sacerdoce», avec ce sentiment indéfinissable d'être liée à lui pour l'éternité : « Nous avons traversé, lui écrit-elle alors, des moments difficiles, la tempête était dans mon cœur, et pour m'apaiser, vous me passiez vos mains d'archange sur le front, vous me parliez, avec vos mots magiques, d'amour, de sacré, de tendresse, de fidélité, et tout commençait. » Pour déjouer son ennui, elle peint et sculpte. La stimulation artistique est grande à Oppède, les rumeurs de la guerre parviennent à peine dans le vieux village médiéval en ruine.

Malgré les quelques épouses des pensionnaires, elle est la muse et l'égérie du Groupe. Dans le village, sans eau et sans électricité, elle se démène cependant auprès des paysans d'Oppède-les-Poulivets, situé plus bas, pour avoir des produits frais, réussit à faire de ces jours sombres des jours de fête et de communion. Un peu de marché noir, des provisions volées aux Allemands dans la gare d'Avignon, au risque de sa vie, un potager qu'elle soigne religieusement et des soirées très longues à raconter des histoires incroyables. Pour oublier la faim, le Groupe organise des bals masqués, comme celui dédié à Marcel Duchamp, s'attache à des activités agricoles, plantation de pommes de terre, élevage de lapins. Consuelo se donne à temps plein dans sa nouvelle vie. Tout est bon pour canaliser son angoisse, même la corvée de bois qu'elle fait avec les femmes des artistes : elle part dans « les collines, coupe des cèdres ou des pins morts pour la cuisine et le chauffage », selon le témoignage d'un des pensionnaires du Groupe, Jean Nielly. Dans ses Mémoires, elle insiste beaucoup sur la manière dont Antoine la hante et l'obsède.

« J'appris la vie à Oppède. Je croyais déjà tout savoir, avoir tout découvert dans les plantations de café de mon père, mais il me restait cet apprentissage à faire. »

Consuelo

Mariage au sein de la communauté. Dans cette période de privations, le petit groupe d'Oppède se démène pour se ravitailler : un peu de marché noir, de la cueillette sauvage, ou encore le vol des stocks accumulés par les Allemands. Consuelo, elle, entretient le potager.

Consuelo au cours d'une randonnée. Pour déjouer son ennui, elle peint et sculpte. La stimulation artistique est grande à Oppède, les rumeurs de la guerre parviennent à peine dans le vieux village médiéval en ruine. Elle est la muse et l'égérie du Groupe.

Elle attend ses télégrammes : « Soyez sûre de mon amour », dit-il. Elle y croit, retrouve un peu sa joie, tâche d'oublier sa jalousie envers Nelly de Vogüé qui, à cette époque, est plus que jamais présente dans la vie de Saint Exupéry ; elle marche en sabots de bois dans les venelles du vieil Oppède, ne craint pas les aigles qui logent dans les pièces ouvertes à tout vent du vieux château construit par le comte de Toulouse Raimond VI où elle aime aller méditer, se sent habitée de préoccupations spirituelles, reprend courage et retrouve son goût pour la vie, elle décore les rebords des fenêtres à meneaux de pots de fleurs, elle chante… Elle a sa petite cour, elle est « Dolorès » qui enchante les « nouveaux troubadours », comme elle appelle ses admirateurs. Pour eux, elle invente des histoires extraordinaires, imagine qu'elle est née au beau milieu d'un tremblement de terre, qu'elle a hérité des volcans d'El Salvador son caractère impétueux, exubérant, éruptif… Son flirt avec Zehrfuss ne peut néanmoins se transformer en passion. Seul l'architecte souhaite une liaison plus durable, Consuelo, elle, est dévorée intérieurement par son amour pour Saint Exupéry. Zehrfuss lui-même finit par l'admettre : « Je t'ai aidée à attendre, lui écrit-il. Et tu vois, je suis arrivé à le connaître si bien que je l'aime avec toi. Il est ton rêve, et il vole… parfois je lui veux du mal, et aussitôt je prie pour qu'il rêve de toi et pour qu'il te revienne, pour que tu oublies ta peur de le perdre. »

Entre-temps, Saint Exupéry a rejoint les États-Unis. Vie d'exil et d'euphorie. Il a le sentiment que tout est à la fois perdu et à reconquérir. Il veut être un des artisans de cette renaissance. Plus que jamais sa pensée se spiritualise. Mais ses paroles ne sont pas entendues. Pis encore, sa nomination unilatérale au Conseil national par le gouvernement de Vichy le compromet. Il la refuse, mais le soupçon s'est installé chez beaucoup. André Breton va distiller sa haine de Saint Exupéry auprès de toute la communauté d'exilés. Ce dernier, héros sans emploi, se morfond et se désespère. Consuelo a des nouvelles de lui : il fait toujours des tours de cartes et se promène avec toutes les blondes de la ville. Malgré une liaison avec une jeune Américaine, Silvia Hamilton-Reinhardt, il lui dit toujours qu'elle n'a rien à craindre de ses rivales et d'abord de Nelly de Vogüé : « Ne soyez pas jalouse, lui répète-t-il, mon vrai métier, vous le savez, c'est d'être écrivain. Et quand votre ennemie me fait la gentillesse de m'envoyer de petits cadeaux, des dés en ivoire, des valises gravées à mon nom, je me sens le cœur attendri et pour la remercier, je lui écris trois quatre pages, je lui fais de petits dessins et c'est tout. Mais n'ayez crainte, je sais ce que vous avez enduré pendant des années, je vous en remercie, mon épouse, je suis uni à vous par les sacrements et n'écoutez jamais ce que les gens racontent. »

« Moi, je suis ton fiancé de guerre. Si j'étais écrivain, je ferais un roman sur les fiancés de guerre. Une femme seule, un homme seul se rencontrent dans la déroute et dans l'exil. Pourquoi s'en vouloir s'ils se donnent la main pour ne pas tomber ? »

Bernard Zehrfuss, cité par Consuelo dans son récit *Oppède*.

Bernard Zehrfuss.

Portrait de Consuelo par Bernard Zehrfuss.

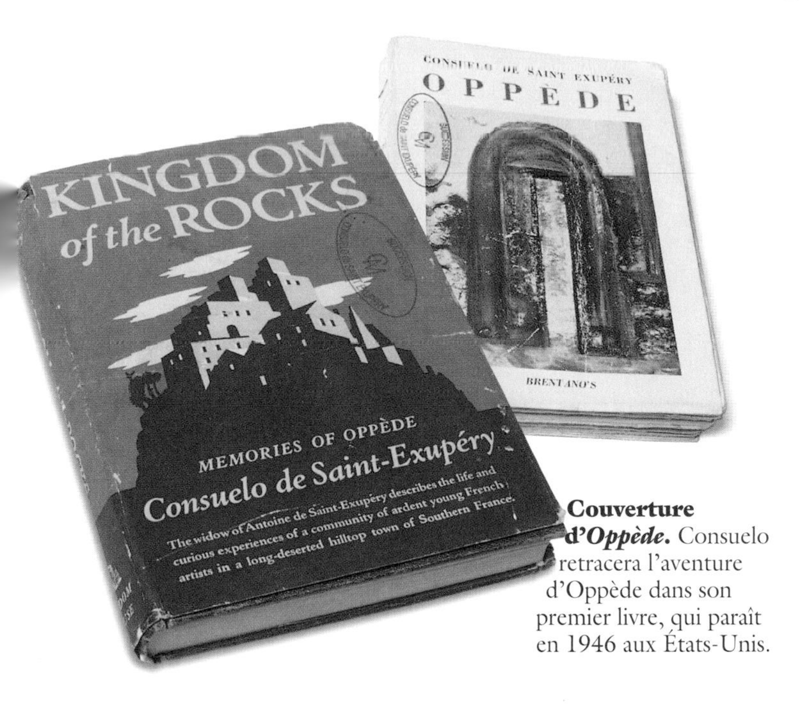

Couverture d'*Oppède*. Consuelo retracera l'aventure d'Oppède dans son premier livre, qui paraît en 1946 aux États-Unis.

« Bernard était un grand seigneur, un homme jeune, qui n'avait pas trente ans, et qui chantait du matin jusqu'au soir. »

Consuelo

Rassérénée devant de tels aveux, Consuelo continue sa vie pastorale à Oppède. Zehrfuss voudrait bien la ravir définitivement à Saint Exupéry mais Consuelo, bien que séduite par l'intelligence et le charme du bel architecte, résiste toujours, refuse de prendre une décision irrévocable. Saint Exupéry est à Hollywood, à l'invitation de Jean Renoir. La Californie lui plaît et il trouve dans la maison du cinéaste le calme qu'il recherche pour écrire. Les éditeurs Reynal et Hitchcock lui ont demandé son témoignage sur la défaite de 1940, mais il n'aime pas écrire sur commande. Il s'y attelle cependant, utilisant pour la première fois un dictaphone qui va donner à son style un ton plus délié, plus oral. Il écrit en cinq mois *Pilote de guerre*, travaillant la nuit jusqu'à l'épuisement, pris d'accès de fièvre qui le mèneront à l'hôpital. Il s'ennuie de Consuelo. Revient l'angélique désir d'une femme qui le veillerait. Il envoie un télégramme à Oppède. Consuelo n'hésite pas une seconde, redoutant que la zone libre soit occupée à son tour. Elle le rejoint enfin le 6 novembre 1941. Le couple retrouve ses habitudes. Ils vivent

Saint Exupéry a rejoint New York en novembre 1940.
Il y retrouve toute la société française en exil : André Maurois, Jules Romains, Saint-John Perse, Henri de Kerillis...

« Je suis trop compliqué pour moi. Je ne sais pas me servir de moi. »
Antoine

Couverture en anglais de *Terre des hommes*.
Célébré par la critique et le public, Saint Exupéry reçoit pour l'ensemble de son œuvre parue le prestigieux *National Book Award* le 15 janvier 1941.

« Je le quittai les yeux fermés, pour mieux garder dans mon souvenir la mémoire de son visage, de son parfum, de sa chair. »
Consuelo

Roger Beaucaire à l'époque
au Polytechnique n'avait pas
entamé sa candeur.

Dessin de Saint Exupéry évoquant Roger Beaucaire,
ancien camarade de l'Aéropostale, qu'il retrouve à New York.

l'écho de mes propres fautes et
faiblesses = Et même en comprenant
cette vérité, tu as été envers moi
tendre et compréhensif =
Chéri, je n'oublierai jamais avec
quelle douceur tu m'as révélé le
vrai chemin pour faire une ascension
dans la vie = Je me suis sentie
renaître — comme une petite fille =
Je vais t'appeler demain matin
dès mon retour pour te souhaiter
une bonne fête = J'espère tant
que tu pourras passer une partie
de la journée avec moi =
Tout mon amour
Silvia

Lettre de Silvia Hamilton à Antoine.
« Chéri, je n'oublierai jamais avec quelle douceur tu m'as révélé le chemin pour faire une ascension dans la vie ; je me suis sentie renaître comme une petite fille. » N'écrivant pas le français, la jeune Américaine utilise les services de plusieurs amis pour écrire et traduire ses lettres à Saint Exupéry.

dans cette violence de la passion inéluctable. Ils ne peuvent s'envisager l'un sans l'autre ni vivre ensemble sans vouloir aussitôt se séparer. Mais ils font tous deux des efforts. *Flight in Arras*, qui paraîtra en France sous le titre de *Pilote de guerre*, sort à New York avec des illustrations sombres et visionnaires de Bernard Lamotte.

Ils vivent dans le même immeuble mais pas au même étage. Consuelo subit comme un supplice les infidélités de son mari : « Les allées et venues de mon voisin de mari, écrit-elle non sans humour, certains bruits, certaines voix féminines, certains rires, certains silences que je percevais à travers la cloison me faisaient trembler de jalousie, étouffer dans ma solitude d'épouse délaissée… Je me sentais comme une reine à qui l'on n'enlève pas son titre mais qu'on envoie vivre à l'écart. »

« Je le retrouvais entouré d'hommes et de femmes, essayant d'amuser ses invités, lui, le Français le plus mélancolique de tout New York. »
Consuelo

Mais l'été 1942 lui redonne espoir. Il se passe surtout à Long Island, dans une paix retrouvée. Consuelo, en quête d'une maison à la campagne où Saint Exupéry pourrait se reposer et écrire, a repéré « une grande maison blanche à trois étages, de style colonial,

Antoine de Saint Exupéry dans l'appartement new-yorkais de Silvia Hamilton. Cette jeune femme, avec qui il entretient une liaison, l'encourage sans cesse à écrire.

assez romanesque ». Le propriétaire, découvrant qu'il s'agit du couple Saint Exupéry et grand admirateur de *Vol de nuit*, cède aussitôt la maison, offrant même la location… Consuelo s'applique à y être l'épouse modèle que recherche Saint Exupéry. Loin du groupe des surréalistes et des intellectuels qu'elle fréquentait pendant les absences et les frasques de son mari, loin des Tanguy, Max Ernst, Masson, Dalí, Nicolas de Staël, Kessel, Malraux, Roger Caillois, elle retrouve une paix et une intimité qu'elle avait perdues avec lui.

Un jour, Curtice Hitchcock, l'éditeur de *Pilote de guerre*, surprend Antoine à griffonner un de ses éternels petits personnages sur la nappe en papier d'un restaurant. Il lui demande aussitôt d'écrire un conte pour enfants. Bien qu'un peu surpris, Saint Exupéry ne refuse pas la commande, l'idée fait au contraire très vite son chemin. Il se rend dans une papeterie pour acheter des crayons de couleur et un cahier de croquis, le petit bonhomme prend forme peu à peu, il l'affine en empruntant aux propres dessins de Consuelo qui, depuis quelque temps déjà, se croquait elle-même, sur fond d'étoiles, un grand foulard autour du cou. Les séances de travail sont pour Saint Exupéry une sorte d'échappatoire au pessimisme qui l'envahit. Le conte s'ébauche et illustre les grands thèmes de sa philosophie quotidienne, de son art de vivre.

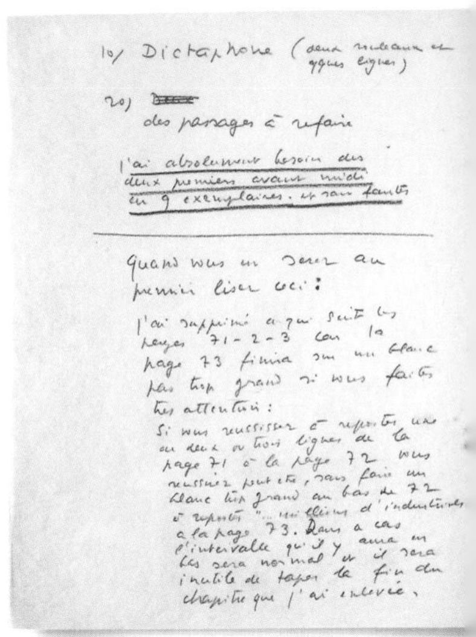

1°/ Dictaphone (deux rouleaux et qques lignes)

2°/ des passages à refaire

J'ai absolument besoin des deux premiers avant midi en 9 exemplaires. et sans fautes

Quand vous en serez au premier lisez ceci:

J'ai supprimé ce qui suit les pages 71-2-3 car la page 73 finira sur un blanc pas trop grand si vous faites très attention:
Si vous réussissez à reporter une ou deux ou trois lignes de la page 71 à la page 72 vous réussirez peut-être, sans faire un blanc trop grand au bas de 72 à reporter "...millions d'industriels" à la page 73. Dans ce cas l'intervalle qui y aura en bas sera normal et il sera inutile de taper la fin du chapitre que j'ai enlevée.

Lettre manuscrite de Saint Exupéry à sa secrétaire lors de la rédaction de *Pilote de guerre*. Par l'intermédiaire de ses éditeurs américains qui le pressent d'écrire, Saint Exupéry a embauché une secrétaire originaire de Lyon, Marie Mac Bride. Durant ses nuits d'insomnie, il enregistre sur un petit dictaphone ses notes, qu'elle retranscrit ensuite dans la journée.

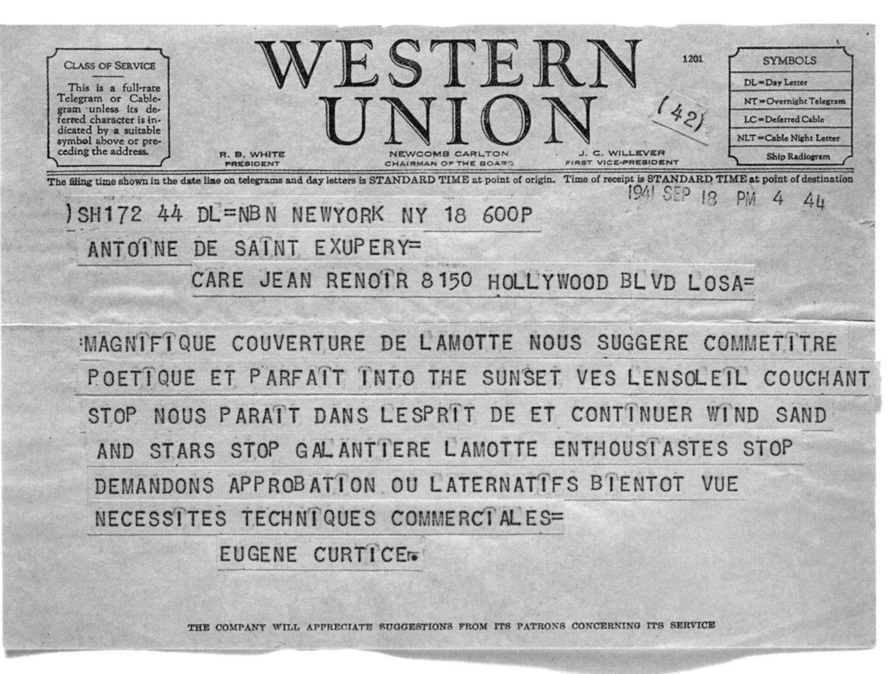

CLASS OF SERVICE
This is a full-rate Telegram or Cablegram unless its deferred character is indicated by a suitable symbol above or preceding the address.

WESTERN UNION 1201 (42)

R. B. WHITE PRESIDENT — NEWCOMB CARLTON CHAIRMAN OF THE BOARD — J. C. WILLEVER FIRST VICE-PRESIDENT

SYMBOLS
DL = Day Letter
NT = Overnight Telegram
LC = Deferred Cable
NLT = Cable Night Letter
Ship Radiogram

The filing time shown in the date line on telegrams and day letters is STANDARD TIME at point of origin. Time of receipt is STANDARD TIME at point of destination

1941 SEP 18 PM 4 44

)SH172 44 DL=NBN NEWYORK NY 18 600P
ANTOINE DE SAINT EXUPERY=
CARE JEAN RENOIR 8150 HOLLYWOOD BLVD LOSA=

:MAGNIFIQUE COUVERTURE DE LAMOTTE NOUS SUGGERE COMMETITRE POETIQUE ET PARFAIT INTO THE SUNSET VES LENSOLEIL COUCHANT STOP NOUS PARAIT DANS LESPRIT DE ET CONTINUER WIND SAND AND STARS STOP GALANTIERE LAMOTTE ENTHOUSIASTES STOP DEMANDONS APPROBATION OU LATERNATIFS BIENTOT VUE NECESSITES TECHNIQUES COMMERCIALES=
EUGENE CURTICE.

THE COMPANY WILL APPRECIATE SUGGESTIONS FROM ITS PATRONS CONCERNING ITS SERVICE

Télégramme d'Eugene Curtice Hitchcock à Saint Exupéry.
Saint Exupéry est à Hollywood avec Jean Renoir pour un projet d'adaptation de *Terre des hommes* lorsqu'il reçoit ce télégramme de son éditeur, enthousiasmé par les dessins de Lamotte.

« *Si je ne résistais pas avec ma propre vie, je serais incapable d'écrire.* »
Antoine

Dessin de Bernard Lamotte pour *Pilote de guerre*.
Saint Exupéry a retrouvé à New York son ancien camarade des Beaux-Arts Bernard Lamotte à qui il confie les illustrations de *Pilote de guerre*.

Bernard Lamotte.

Antoine de Saint Exupéry à sa table de travail.

Au dictaphone

« Je le retrouve, en plein New York, en haut de son pigeonnier, donnant sur Central Park. En manches de chemise, assis sur son canapé, des monceaux de papier autour de lui, il tient devant sa bouche le cornet d'un dictaphone dans lequel il articule à voix basse le texte de son nouveau livre *Pilote de guerre.* »

Louis Castex

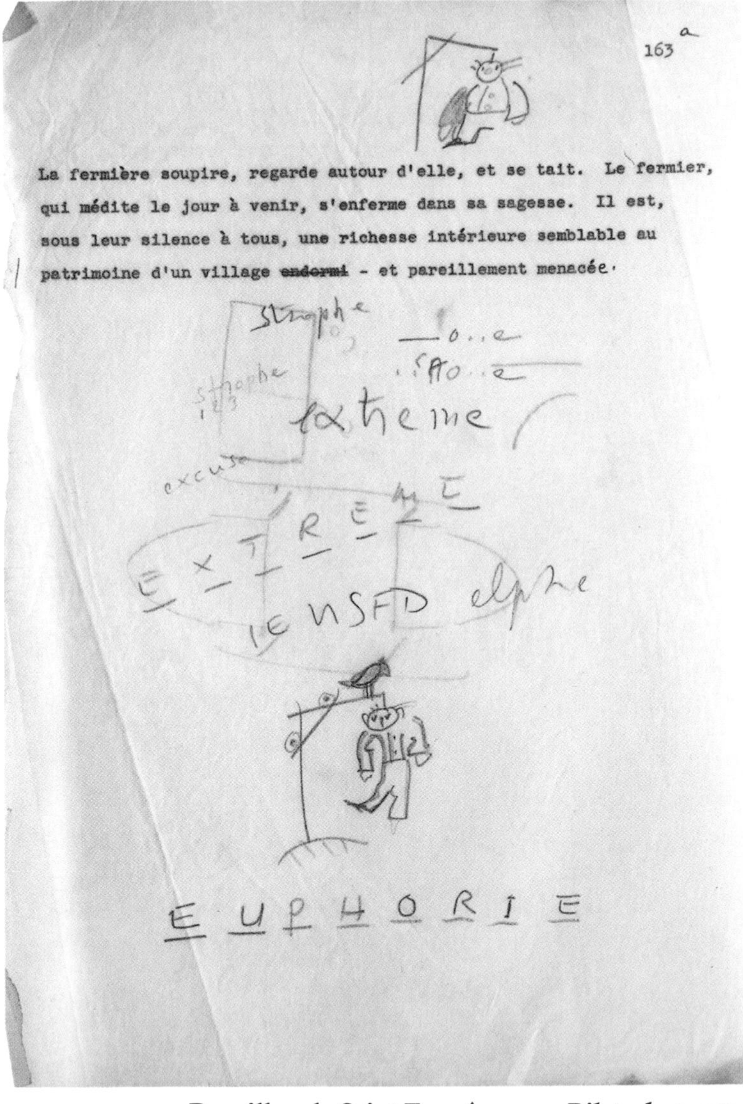

163 a

La fermière soupire, regarde autour d'elle, et se tait. Le fermier, qui médite le jour à venir, s'enferme dans sa sagesse. Il est, sous leur silence à tous, une richesse intérieure semblable au patrimoine d'un village ~~endormi~~ - et pareillement menacée.

EXTRÊME

EUPHORIE

Brouillon de Saint Exupéry pour *Pilote de guerre.*

Couverture de *Flight in Arras.*
Le livre, qui sort le 20 février 1942 chez Reynal et Hitchcock, est salué par la critique.

« Être la femme d'un pilote, c'est un métier. Être la femme d'un écrivain, c'est un sacerdoce. »

Consuelo

Ceux qui appelent cette guerre une "drôle de guerre" c'est nous ! Autant la trouver drôle. Nous avons le droit de la plaisanter comme il nous plait parce que, tous les sacrifices, nous les prenons à notre compte. J'ai le droit de ~~rire de~~ ma mort si ~~ce rire~~ ~~me distrait~~. Dutertre aussi. J'ai le droit de ~~m'émerveiller~~ des paradoxes. Car pourquoi ces villages flambent-ils ? Pourquoi cette population ~~a-t-elle été~~ jetée en vrac sur le trottoir ? Pourquoi fonçons-nous avec une conviction inébranlable vers un abattoir automatique ?

~~Car~~ en cette seconde je connais bien ce que je fais. J'accepte la mort. Ce n'est pas le risque que j'accepte. Ce n'est pas le combat que j'accepte. C'est la mort. J'ai appris une grande vérité. La guerre ce n'est pas l'acceptation du risque. Ce n'est pas l'acceptation du combat. C'est à certaines heures, pour le combattant, l'acceptation pure et simple de la mort.

On se trouve intégré à une aventure d'ailleurs médiocre, mais vient l'instant où l'on butte inévitablement, comme l'on rencontre le noyau dans le fruit, sur la mise en demeure d'avoir à accepter de mourir dans les vingt minutes sans compensation.

Je dis : sans compensation. Même patriotique. Même sociale. Vient l'instant où celui-là qui se cramponne à sa mitrailleuse se trouve condamné à disparaitre sans que son action soit en mesure de retarder, ne fut-ce que

Page du tapuscrit intermédiaire de *Pilote de guerre* avec les corrections autographes de Saint Exupéry.

Télégramme d'Antoine à Consuelo lui demandant de venir le rejoindre à New York.

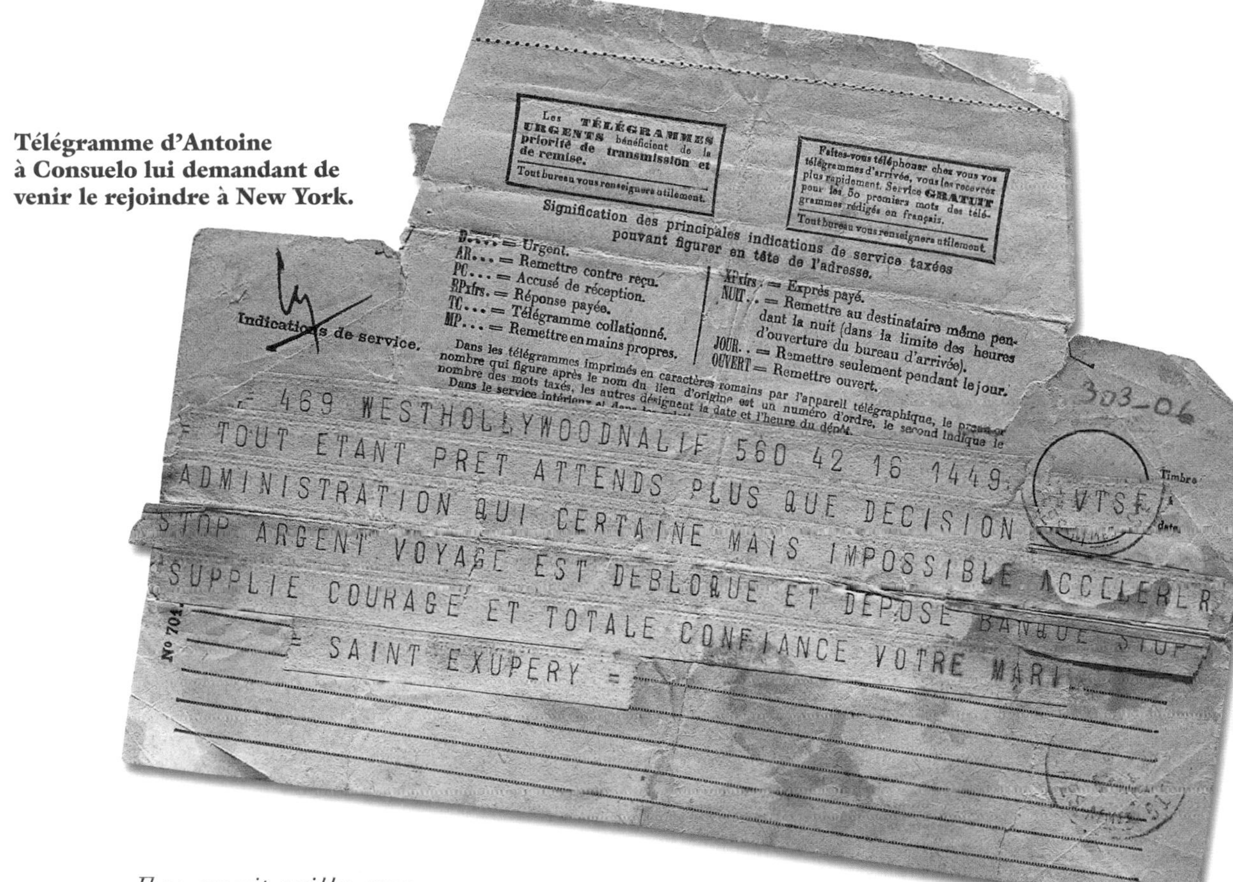

Les TÉLÉGRAMMES URGENTS bénéficient de la priorité de transmission et de remise.
Tout bureau vous renseignera utilement.

Faites-vous téléphoner chez vous vos télégrammes d'arrivée, vous les recevrez plus rapidement. Service GRATUIT pour les 50 premiers mots des télégrammes rédigés en français.
Tout bureau vous renseignera utilement.

Signification des principales indications de service taxées pouvant figurer en tête de l'adresse.

D... = Urgent.
AR... = Remettre contre reçu.
PC... = Accusé de réception.
RPxfrs. = Réponse payée.
TC... = Télégramme collationné.
MP... = Remettre en mains propres.

XPxfrs. = Exprès payé.
NUIT.. = Remettre au destinataire même pendant la nuit (dans la limite des heures d'ouverture du bureau d'arrivée).
JOUR.. = Remettre seulement pendant le jour.
OUVERT = Remettre ouvert.

Indications de service.

Dans les télégrammes imprimés en caractères romains par l'appareil télégraphique, le premier nombre qui figure après le nom du lieu d'origine est un numéro d'ordre, le second indique le nombre des mots taxés, les autres désignent la date et l'heure du dépôt.

303_06

= 469 WESTHOLLYWOODNALIF 560 42 16 1449 =

TOUT ETANT PRET ATTENDS PLUS QUE DECISION ADMINISTRATION QUI CERTAINE MAIS IMPOSSIBLE ACCELERER STOP ARGENT VOYAGE EST DEBLOQUE ET DEPOSE BANQUE STOP SUPPLIE COURAGE ET TOTALE CONFIANCE VOTRE MARI = SAINT EXUPERY =

N° 704

« Il y avait mille ans que nous ne nous étions vus, embrassés, interrogés du regard. Ce fut lui qui ouvrit brusquement les bras et me serra à m'étouffer en criant : Partons, partons tout de suite. »

Consuelo

« Je ne sais pas vivre hors l'amour. Je n'ai jamais parlé, ni agi, ni écrit, que par amour. »

Antoine

15 janvier – Avignon

305-04

J'ai passé la soirée avec un aviateur qui s'occupe des sports et qui, en 37, à Bamakoo, a vendu une jeune lionne à monsieur ton époux, qui peut-être te destinait ce présent tumultueux. Il m'a parlé par hasard de cela, alors que je ne lui demandais rien, et longuement ensuite du vent de sable et de toutes les histoires du désert mais ça ne valait pas le récit de tes deux gazelles qui, un jour, sont parties, pour ne plus revenir...

Je suis, ce soir, dans un hôtel bien chauffé, et j'ai mangé un lapin à l'ail comme tu n'en mangeras pas pendant quelque temps. Plaisirs de célibataire!

Mon chéri, on m'a dit beaucoup de bien de ton mari, ce soir pourquoi a-t-il fallu que tu sois la femme de ce grand homme? Te rend-il heureuse? Dis moi ça très franchement. Je me souviens qu'au début tu me disais 50 pour cent, après (à Avignon) 70, plus tard près de ton départ, tu étais revenue à 50, dis moi quel est la cote à présent. Toi, pour moi, tu es cent pour cent, et il n'y a pas une pensée dans ma vie qui s'écarte de ton cher visage.

Mais je voudrais te voir, je commence à avoir peur de parler sans cesse à cette femme silencieuse qui devient une chose irréelle et dont les traits s'estompent lentement.

Parle moi, je t'en prie, caillita, parle moi un peu comme je te parle chaque soir. As-tu soudain tout oublié, as tu fait une pirouette (comme le jour de ton départ, ma dernière image, je n'ai pas aimé cela) et t'es-tu lancée vers une autre route, vers quelque lointain visage?

J'ai très mal, tu sais, j'ai le cœur qui se déchire, viens à mon secours ---

16 janvier –

J'ai travaillé encore à Avignon toute la journée. Je ne perds pas de temps, il le faut. J'espère que mon télégramme va t'arriver et que tu vas vite me répondre mais ce sont des lettres que je veux, tu devais m'en écrire de très longues et de très belles.

Je me suis souvenu aujourd'hui d'une de nos premières soirées, celle où j'ai du te raccompagner à La Pomme et où nous avons passé des heures à chercher le château. Je m'en veux encore terriblement de ce soir là. Notre vie n'a-t-elle pas été ainsi? nous avons couru de tout côté à la recherche d'un lieu très rare (que nous n'avons pas trouvé) à bout de souffle, je t'ai laissé partir et cela fait mon désespoir. Mais n'oublie pas que le lendemain de cette aventure d'Air-Bel, j'ai su te retrouver. Je t'aime Bernard

Lettre de Bernard Zehrfuss à Consuelo (Transcription en fin de volume).

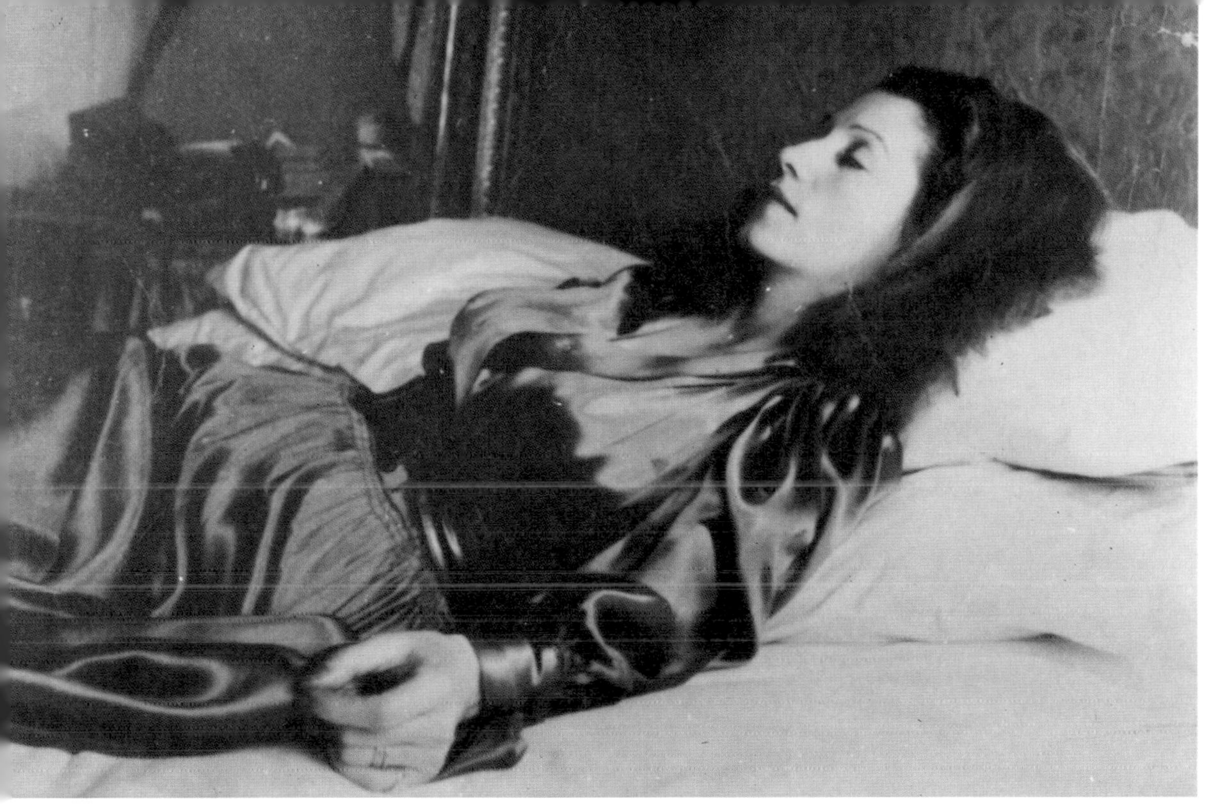

Consuelo dans son appartement new-yorkais.
Consuelo, impatiente de retrouver Antoine, est rapidement déçue. Elle doit s'installer dans un appartement situé au-dessous du sien. Chacun vit indépendamment de l'autre. Consuelo reçoit ses amis parisiens qui ont trouvé refuge à New York : Miro, Ernst, Duchamp, Breton… Mais, souvent seule, elle relit les lettres que Bernard Zehrfuss lui écrit.

Une épouse délaissée

« Les allées et venues de mon voisin de mari, certains bruits, certaines voix féminines, certains rires, certains silences que je percevais à travers la cloison me faisaient trembler de jalousie, étouffer dans ma solitude d'épouse délaissée. Je me sentais un peu comme une reine à qui l'on n'enlève pas son titre, mais qu'on envoie vivre à l'écart. Alors toutes ces nappes blanches, tout ce luxe, toutes ces lumières de gratte-ciel m'étaient insupportables. Je ne désirais qu'une chose : une épaule pour dormir. »

Consuelo, *Mémoires de la rose*

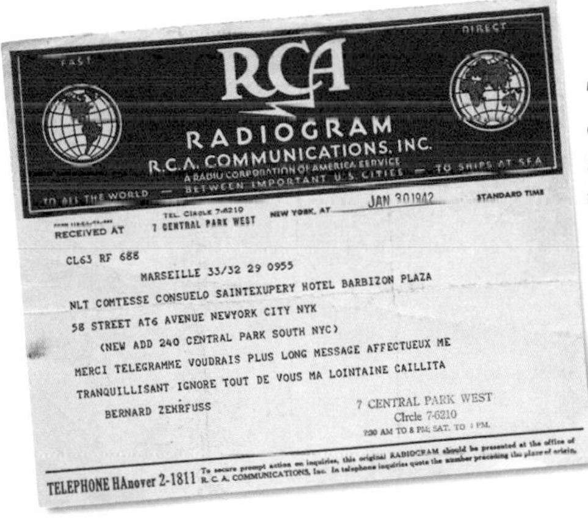

FAST — RCA — DIRECT
RADIOGRAM
R.C.A. COMMUNICATIONS, INC.
A RADIO CORPORATION OF AMERICA SERVICE
TO ALL THE WORLD — BETWEEN IMPORTANT U.S. CITIES — TO SHIPS AT SEA

RECEIVED AT 7 CENTRAL PARK WEST — TEL. CIRCLE 7-6210 — NEW YORK, AT JAN 30 1942 — STANDARD TIME

CL63 RF 688
MARSEILLE 33/32 29 0955
NLT COMTESSE CONSUELO SAINTEXUPERY HOTEL BARBIZON PLAZA
58 STREET AT6 AVENUE NEWYORK CITY NYK
(NEW ADD 240 CENTRAL PARK SOUTH NYC)
MERCI TELEGRAMME VOUDRAIS PLUS LONG MESSAGE AFFECTUEUX ME
TRANQUILLISANT IGNORE TOUT DE VOUS MA LOINTAINE CAILLITA
BERNARD ZEHRFUSS

7 CENTRAL PARK WEST
Circle 7-6210
7:30 AM TO 8 PM; SAT. TO 1 PM.

TELEPHONE HAnover 2-1811 — To secure prompt action on inquiries, this original RADIOGRAM should be presented at the office of R.C.A. COMMUNICATIONS, Inc. In telephone inquiries quote the number preceding the place of origin.

Télégramme de Bernard Zehrfuss à Consuelo.

« Je déambulais dans cette suite glacée. Je regardais ces porcelaines, ces gravures, toutes les mêmes dans tous les hôtels du monde. Je voyais les buildings illuminés. Quelles fenêtres étaient celles de mon mari ? »

Consuelo

Portrait d'Antoine,
à Montréal en mai 1942.

Portrait de Consuelo
à Montréal en mai 1942.

*« J'ai terriblement froid dans le cœur.
J'ai besoin de t'entendre rire.
Petite fille mon amour que je rends affreusement triste. J'ai aussi besoin de toi.
Ne me laissez jamais sans nouvelles.
C'est le pain de mon cœur. »*

Antoine

Antoine refuse le divorce

« Quelques jours plus tard, nous rencontrâmes un avocat pour régler notre situation. La discussion s'éleva, l'avocat lui dit en mauvais français qu'il me traitait comme une maîtresse et non comme une épouse et que lui, mon avocat, était prêt à me défendre.
Mon mari se leva et me planta un baiser sur la bouche. C'était le premier qu'il me donnait depuis six mois que je vivais à New York. Je me fâchais car ce n'était pas sérieux de sa part.
"Je me fous des lois, conclut-il, je vous aime."
Et il claqua la porte, très en colère.
Tout recommençait. Je me souvenais : Almería...
Les orangers en fleur sur la côte... L'amour de nos jeunes vies... »

Consuelo, *Mémoires de la rose.*

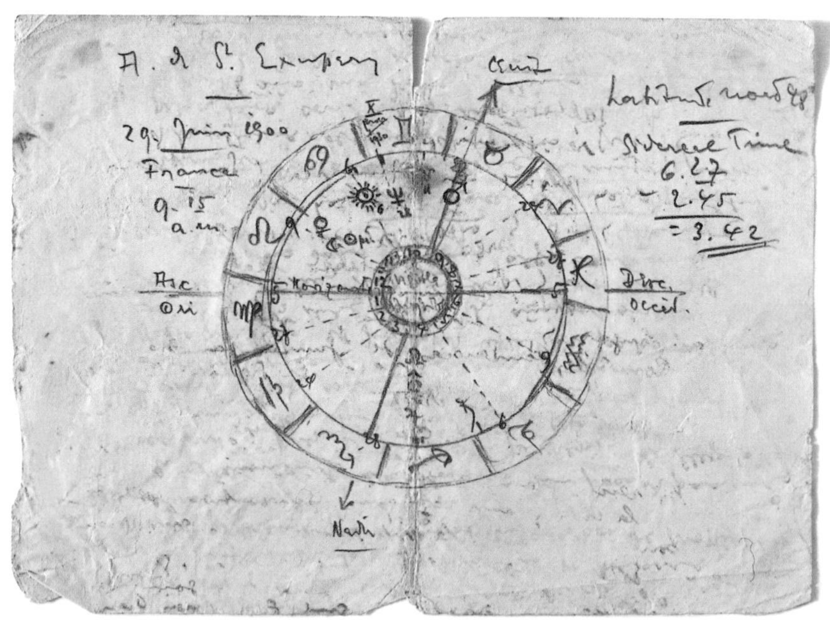

Le ciel astrologique
de Saint Exupéry.

Shipton Court, Lenox, Massachusetts.

Juillet 42 - 1 - Bon pour affaires de routine - Danger d'accident après-midi.

2. Douteux - Patience.

3. Mauvais pour attachements sentimentaux et nouvelles. Tristesse - Confusion

4. Douteux - Exigence - Exagération - Après-midi favorable à l'amitié.

5. Bon pour correspondance - voyage - visites - Activité.

6 - Bon pour rapports sociaux - Une chance s'offre -

7 - Contrariant -

8 - Bon pour activité créatrice; amitié, voisins - Déplacement favorable

9 - Santé à surveiller - Soir romantique

10 - Douteux pour affaires, signature, se méfier -

11 - Soir bon pour invitation. Gain possible.

12 - Bon - chance de progrès financiers. Très romantique.

13 - Inspiration, vision, succès en tout - Changements -

14 - Bon pour finances, rapports avec personnes âgées.

15 - Bon pour finances, si impulsions contrôlées. Gains.

16 - Douteux - Brouille possible avec parent, voisin. Surveiller papiers importants.

17 - Santé à surveiller - Bon pour choses légales - Jugement clair

18. Finances en progrès - Imagination à contrôler.

19 - Affaires de famille donnent du souci.

20. Douteux - Patience.

21 - Très bon en tout. Un des meilleurs jours du mois.

22 - Surveiller dépenses - Eviter placements d'argent -

23. Douteux - Déception - Difficultés.

24 - Bon - Accroissement par services rendus. Nouveaux biens.

Horoscope de Saint Exupéry établi en juillet 1942.

« Paix de Northport ! douceur retrouvée ! »
Consuelo

Au soleil de Bevin House. À gauche, Denis de Rougemont. À l'extrême droite, Adèle Breaux, qui donne des cours d'anglais à Antoine.

La maison de North House devient « la maison du Petit Prince ». C'est là que Saint Exupéry passe des heures à dessiner le conte déjà écrit. Le petit bonhomme évolue au cours des semaines ; de petit extraterrestre à la typologie embryonnaire, il devient un joli petit garçon, les cheveux en broussaille, une écharpe nouée autour du cou, et qui parle dans le désert… Consuelo prend la pose ainsi que les rares invités, au premier rang desquels Denis de Rougemont, qui croque Saint Exupéry à son tour dans son *Journal*, s'appliquant « à manier de petits pinceaux puérils et à tirer la langue pour ne pas "dépasser" »… Chacun se retrouve campé sous les traits de personnages sortis tout droit de l'imaginaire de Saint Exupéry, de bons vieux barbus, des fleurs animées, de petits animaux… Le petit prince lui-même ressemble souvent à Consuelo, avec sa coiffure bizarre à la garçonne et son écharpe qui flotte au vent. Elle conseille, elle connaît les couleurs et donne son avis, n'hésite pas à proposer un autre sens à telle image, fait même retirer une croix gammée que Saint Exupéry a fâcheusement accrochée au serpent. Elle est la rose du Petit Prince, elle a des pétales soyeux mais aussi des épines, l'épisode des volcans est écrit et dessiné en souvenir de son pays natal, terre volcanique, et surtout elle est la rose vers laquelle le Petit Prince reviendra toujours : « Tu deviens responsable pour toujours de ce que tu as apprivoisé. Tu es responsable de ta rose… »

« Paix de Northport ! s'exclame Consuelo lyriquement, douceur retrouvée ! » Malgré cet été, vécu comme une grâce par le couple, Saint Exupéry est inquiet, bouleversé par la gravité des événements. Depuis novembre 1942, les événements se précipitent.

Consuelo à Bevin House. Pour fuir la chaleur de l'été new-yorkais, le couple s'installe à Bevin House à Long Island. Loin de la société française en exil, Antoine et Consuelo se rapprochent. Consuelo peint, tandis que Saint Exupéry se remet à l'écriture.

Autoportrait d'Antoine de Saint Exupéry.

Bain de soleil à Bevin House.

La naissance du Petit Prince

« Saint Exupéry s'est remis à écrire un conte d'enfants qu'il illustre lui-même à l'aquarelle. Géant chauve, aux yeux ronds d'oiseau des hauts parages, aux doigts précis de mécanicien, il s'applique à manier de petits pinceaux puérils et tire la langue pour ne pas "dépasser". Je pose pour le *Petit Prince*, couché sur le ventre et relevant les jambes. Tonio rit comme un gosse : "Vous direz plus tard en montrant ce dessin : c'est moi !" Le soir, il nous lit des fragments d'un livre énorme ("Je vais vous lire mon œuvre posthume") et qui me paraît ce qu'il a fait de plus beau. Tard dans la nuit, je me retire épuisé, mais il vient encore dans ma chambre fumer des cigarettes et discuter le coup avec une rigueur inflexible. Il me donne l'impression d'un cerveau qui ne peut plus s'arrêter de penser. »

Denis de Rougemont, *Journal*

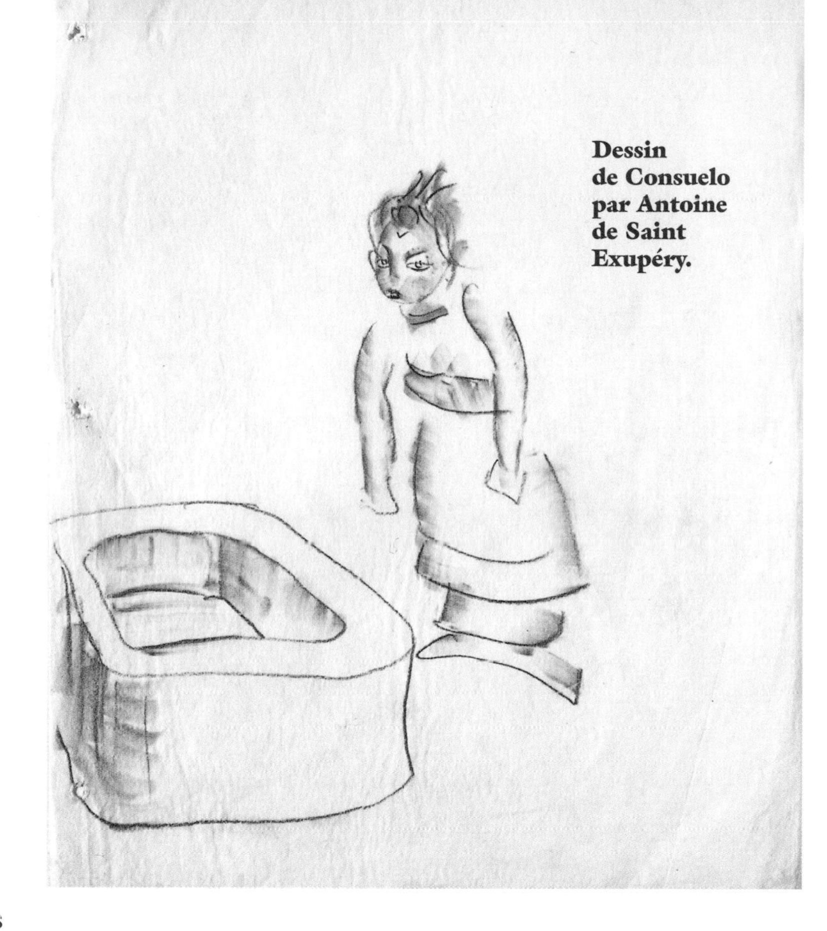

Dessin de Consuelo par Antoine de Saint Exupéry.

« Elle m'embaumait et m'éclairait. Je n'aurais jamais dû m'enfuir ! J'aurais dû deviner sa tendresse derrière ses pauvres ruses. Mais j'étais trop jeune pour savoir l'aimer. »

Le Petit Prince.

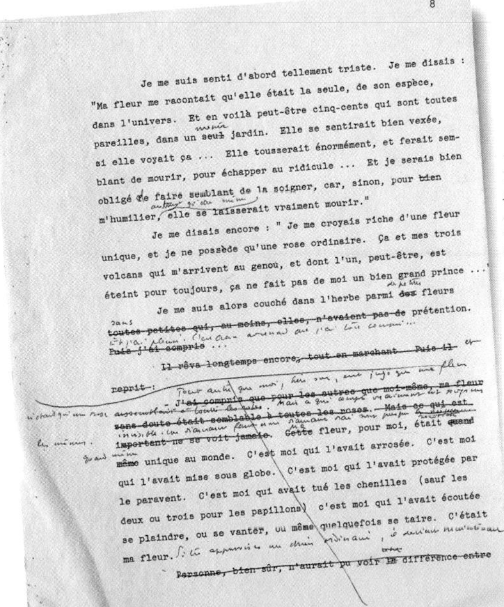

8

Je me suis senti d'abord tellement triste. Je me disais : "Ma fleur me racontait qu'elle était la seule, de son espèce, dans l'univers. Et en voilà peut-être cinq-cents qui sont toutes pareilles, dans un ~~seul~~ jardin. Elle se sentirait bien vexée, si elle voyait ça ... Elle tousserait énormément, et ferait semblant de mourir, pour échapper au ridicule ... Et je serais bien obligé de faire semblant de la soigner, car, sinon, pour ~~bien~~ m'humilier, elle se laisserait vraiment mourir."

Je me disais encore : " Je me croyais riche d'une fleur unique, et je ne possède qu'une rose ordinaire. Ça et mes trois volcans qui m'arrivent au genou, et dont l'un, peut-être, est éteint pour toujours, ça ne fait pas de moi un bien grand prince ..."

Je me suis alors couché dans l'herbe parmi ~~des~~ fleurs ~~toutes petites qui, au moins, elles, n'avaient pas de~~ prétention. ~~Puis j'ai compris~~ ...

~~Il rêva longtemps encore, tout en marchant. Puis il reprit :~~

– J'~~ai compris que pour les autres que moi-même, ma fleur sans doute était semblable à toutes les roses. Mais ce qui est important ne se voit jamais.~~ Cette fleur, pour moi, était ~~quand même~~ unique au monde. C'est moi qui l'avait arrosée. C'est moi qui l'avait mise sous globe. C'est moi qui l'avait protégée par le paravent. C'est moi qui avait tué les chenilles (sauf les deux ou trois pour les papillons) c'est moi qui l'avait écoutée se plaindre, ou se vanter, ou même quelquefois se taire. C'était ma fleur.

~~Personne, bien sûr, n'aurait pu voir la différence entre~~

La rose du *Petit Prince*. Tapuscrit préparatoire avec corrections autographes de Saint Exupéry.

Consuelo entourée de quelques amis devant Bevin House. À droite, Denis de Rougemont.

Les Américains débarquent en Afrique du Nord, les Allemands envahissent la zone libre, rejoignent Toulon pour s'emparer de la flotte française qui se saborde. Saint Exupéry piaffe d'impatience et de colère. Il sait qu'il a un rôle à jouer et qu'il ne peut rester ainsi, désœuvré, à dessiner des petits princes perdus dans le désert. La passion avec Consuelo est toujours ardente. La vie dans le Connecticut, d'abord dans une maison de bois à Wesport, puis à Eton Neck, à Long Island, dans la grande maison blanche à deux étages, Bevin House, est exquise, mais finit par le culpabiliser. Il veut rentrer à New York, chercher des contacts, tenter de reprendre du service. À la fin de 1942, il publie dans le *New York Times* une lettre ouverte : *« To Frenchmen everywhere »*. Appel à prendre les armes pour tous les Français, appel encore à la réconciliation nationale qui n'est pas du goût de tout le monde, prélude à son appel de 1943 : « Soyons infiniment modestes. Nos discussions politiques sont des discussions de fantômes et nos ambitions sont comiques... » Il propose à tous les Français des États-Unis d'envoyer un télégramme au secrétaire d'État du président Roosevelt dont il donne même un modèle : « Nous sollicitons l'honneur de servir sous quelque forme que ce soit. Nous souhaitons la mobilisation militaire de tous les Français des États-Unis.

La maison du *Petit Prince*
« Bevin House. J'y passe mes trente-six heures de congé, chaque semaine. C'est Consuelo qui l'a trouvée et l'on croirait qu'elle l'a elle-même inventée : c'est immense, sur un promontoire emplumé d'arbres échevelés par les tempêtes, mais doucement entouré de trois côtés par des lagunes sinueuses qui s'avancent dans un paysage de forêts et d'îles tropicales. "Je voulais une cabane et c'est le Palais de Versailles !" s'est écrié Tonio, bourru, en pénétrant le premier soir dans le hall. Maintenant, on ne saurait plus le faire sortir de Bevin House. »
Denis de Rougemont, *Journal*

« C'était une maison faite pour le bonheur. »
Consuelo

14

Voyage au Canada. (ses [illegible]
nous poursuivent
Les passeports [illegible] !
[illegible] une N......

Je [illegible], D et nous prenons une maison
de campagne – [illegible] [illegible] s'installe
les [illegible], - - - -. il me supplie,
je l'aime. D. comprend....

~~[illegible]~~
La maison du Petit prince
50 Bevin house

Bonheur, il travaille
les [illegible] sont [illegible]...
[illegible] [illegible] et les
nouvelles de la guerre,
le Petit Prince est fini
il est en meilleure santé
il veut encore faire la guerre
il me supplie de l'aider à
me quitter – Washington

Consuelo devant Bevin House.

Notes préparatoires de *Mémoires de la rose.* Le séjour à Bevin House reste pour Consuelo une des périodes les plus heureuses de sa vie. « La maison du Petit Prince. Bonheur, il travaille. Le *Petit Prince* est fini. Il est en meilleure santé... »

Nous acceptons d'avance toute structure qui sera jugée la plus souhaitable. Mais haïssant tout esprit de division entre Français, nous la souhaitons simplement extérieure à la politique. » Le philosophe chrétien Jacques Maritain prend à New York même la tête de la cabale qui est menée contre lui. Saint Exupéry y voit plus qu'une cabale : un véritable lynchage politique. Apprenant que Maritain va intervenir dans la presse, il anticipe l'article et lui écrit : « Vous représentez, à mes yeux, la droiture, la justice, le désintéressement et la probité. Je me sens, sur le plan spirituel, en accord total avec vous. J'ai lu tous vos livres avec une sorte d'amour. [...] Je préférerais n'importe quelles injures à la simple intervention d'un homme dont la présence faussera le débat, puisque, le situant par essence au-dessus de la politique et des démarches de la raison, cette présence me jugera dans mes intentions spirituelles. Je ne puis pas ne pas me connaître comme pur. » Lettre morte. Maritain réplique dans *Pour la Victoire*, où il déclare perfidement qu'il « faut parfois juger » et ne pas effacer tout ce qui s'est passé jusqu'alors...

Saint Exupéry, lui, veut avoir une vision plus large de la France, pardonner les erreurs, et rassembler : toujours cette idée tenace de « nouer le troupeau », déjà exprimée dans *Terre des hommes.* Il fustige les exilés qui vivent en sécurité loin des combats, méprise les fuyards. Il sort moins qu'auparavant. Finis les sorties à Hollywood avec Jean Renoir, les déjeuners à Central Park, sur Sunset Boulevard, dans les milieux les plus huppés et les plus snobs de New York, en compagnie de Jean Gabin, de Marlène Dietrich, de la comédienne Annabella, de Greta Garbo...

Consuelo ne peut plus faire fléchir son obstination. Il a, écrit-il, « un chagrin inconsolable » en lui. Secrètement, Consuelo sait qu'il a raison et elle est fière de son courage. Mais elle craint pour lui, pour elle aussi. Jamais cependant elle ne tentera de le détourner de son devoir. Un sentiment maternel s'empare d'elle : « Vous êtes aussi mon fils », lui confie-t-elle. Désormais leur relation va se vivre autrement, dans le déchirement de la paix retrouvée. Tous deux sont soudain comme isolés à New York, exclus d'une certaine manière de la petite communauté parce qu'ils n'en jouent plus les règles. Elle tente cependant de le distraire, lui demande de travailler sur son dictaphone, mais Saint Exupéry ne s'en sert pas, préférant écrire à la main.

La *Lettre à un otage*, qu'il donne à son éditeur américain Brentano's, invoque non seulement la défense de la patrie mais aussi celle des droits de l'homme. Son inquiétude est insupportable. La vocation de martyre le talonne de nouveau. Il veut, dit-il, sa part de nuit et de froid. « Les seules places à prendre sont des places de soldats et peut-être des lits tranquilles dans quelque petit cimetière d'Afrique du Nord. »

« Je me penchai sur ce front lisse, sur cette douce moue des lèvres, et je me dis : voici un visage de musicien, voici Mozart enfant, voici une belle promesse de vie. Les petits princes des légendes n'étaient point différents de lui. »

Antoine

Crayons et taille-crayons de Saint Exupéry.

Antoine de Saint Exupéry à sa table de travail.

- Bonne nuit, dit le petit prince.

- Bonne nuit, dit le serpent.

- Où suis-je tombé, dit le petit prince ?

- Sur la Terre, en Afrique, dit le serpent.

- Il n'y a donc personne sur la Terre ?

- Ici, c'est le désert. Il n'y a personne dans les déserts.

- Ah ! fit le petit prince.

Il s'assit sur une pierre. Il leva la tête vers les étoiles :

- C'est curieux, dit-il au serpent. Ma planète ~~d'où~~ est ~~je viens est tout~~ juste au-dessus de ~~moi~~ nous...

- Elle est ~~bien~~ belle, dit le serpent. Que viens-tu faire ici ?

- J'ai des difficultés avec une fleur, dit le petit prince.

- Ah ! fit le serpent.

Et il y eut un silence.

- Où sont les hommes, reprit le petit prince. On est un peu seul dans le désert. Là-bas j'avais ~~une~~ cette fleur...

Le Petit Prince et le serpent. Tapuscrit préparatoire.

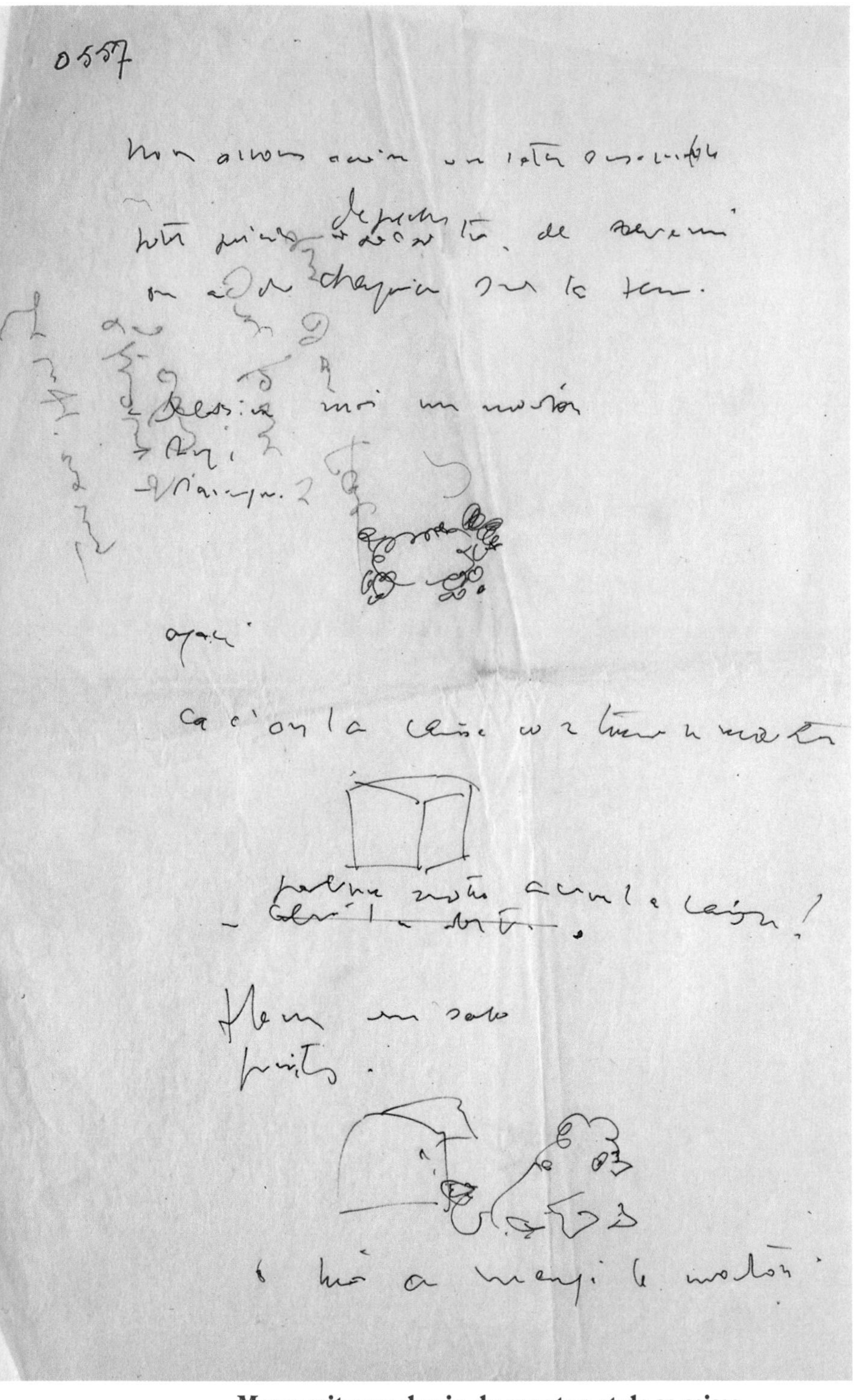

Manuscrit avec dessin du mouton et de sa caisse.
« Je veux un mouton qui vive longtemps »

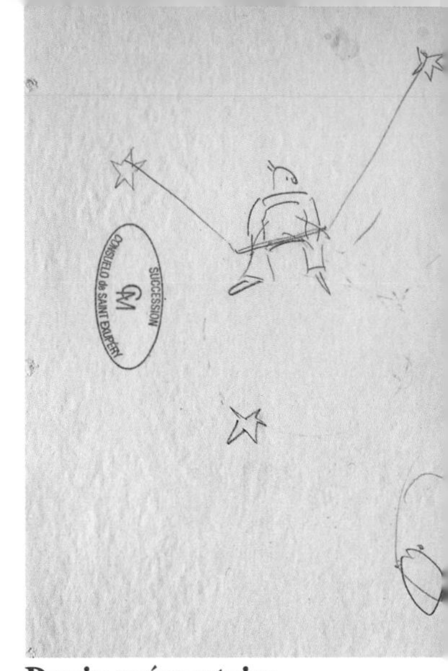

Dessin préparatoire.
Personnage sur un trapèze accroché aux étoiles.

« Je posais pour le Petit Prince et tous les amis qui venaient aussi. Il les rendait fous de colère parce que, une fois le dessin fini, ce n'était plus eux, mais un monsieur à barbe, ou des fleurs, ou des petits animaux... »

Consuelo

« Je dessine toute la journée et de ce fait les heures me paraissent brèves. J'ai découvert ce pourquoi j'étais fait : le crayon Condé mine de charbon. »

Antoine

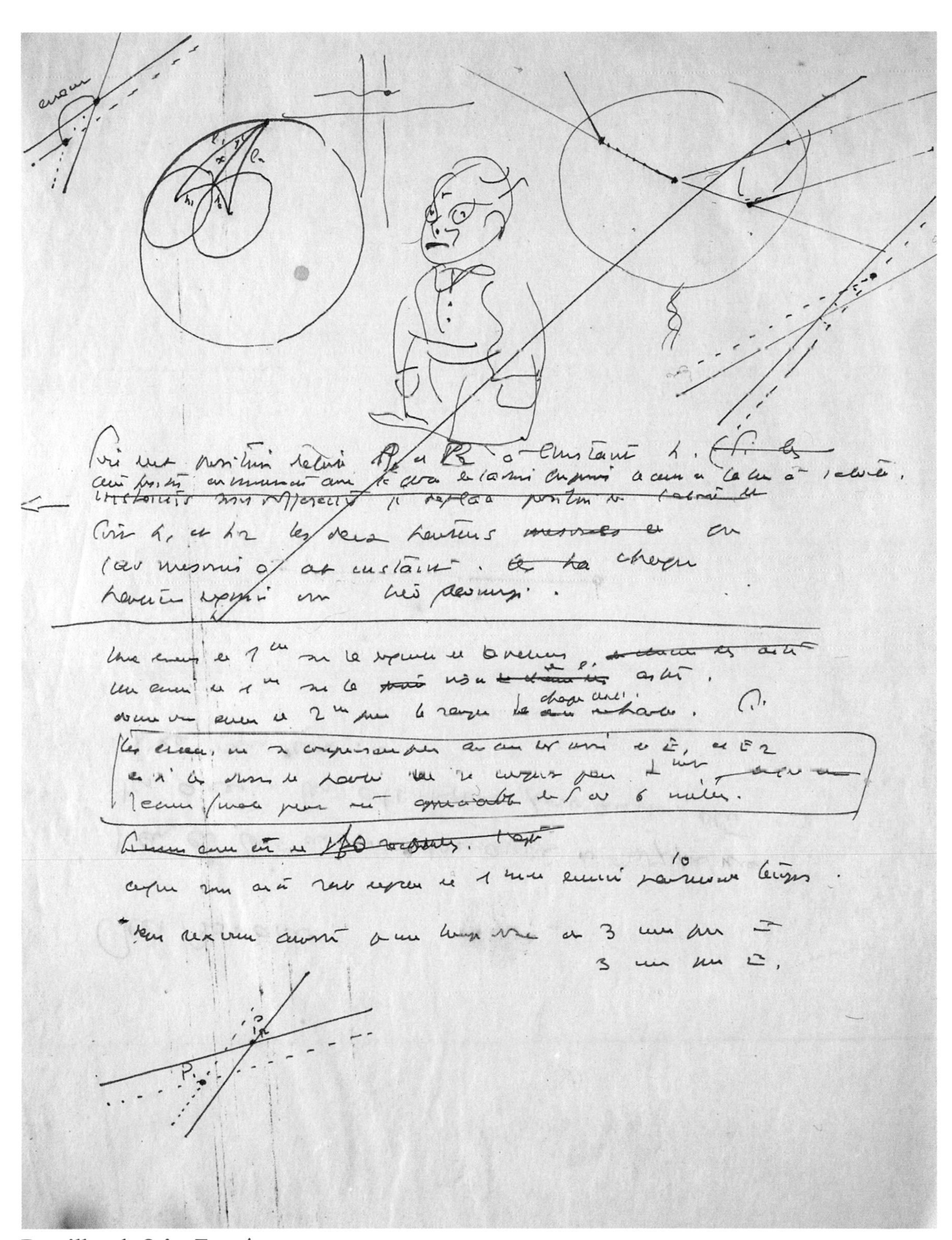

Brouillon de Saint Exupéry.

147
Jamais, jamais les renards
ne reviennent !

Dessin préparatoire de Saint Exupéry.
Le Petit Prince et le renard.

Boîte d'aquarelle
d'Antoine
de Saint Exupéry.

*« On ne peut plus vivre
de frigidaires,
de politique, de belote
et de mots croisés
voyez-vous !
On ne peut plus.
On ne peut plus vivre
sans poésie, couleur,
ni amour. »*

Antoine

Couverture du *Petit Prince*. En mars 1943, *Le Petit Prince* paraît en anglais, à New York. Le mois suivant, alors que Saint Exupéry s'embarque pour l'Afrique du Nord, l'ouvrage est publié en français par la Maison française de New York. Personne n'imagine alors que ce livre deviendra l'un des mythes littéraires du siècle.

Cher ami

Je ne comprends absolument rien aux explications que me
donne Becker et je crois qu'il ne comprends absolument rien à ce
qu je lui demande depuis trois mois.

Lorsque je lui ai remis mes dessins je lui ai dit:

"Je desire absolument avant que tout travail soit entrepris
décider moi meme a) les emplacements des dessins
b) leur taille relativo
c) le choix de ceux a tirer en couleur
d) les textes a joindre aux dessins

Lorsque j'ecris par exemple :"Voila le plus joli dessin que
j'ai reussi a faire de lui..." Je sais parfaitement quel dessin je
désire placer là , si je le desire grand ou petit , en noir ou en cou
couleur,confondu avec le texte ou distinct. Je crois qu'il est tres
important pour ne pas perdre trop de temps par des cOrrections labo-
rieuses d'etre d'abord parfaitement d'accord sur la future
maquette du livre."

Je n'ai jamais reussi a me faire clairement entendre de lui
et n'ai jamais eu l'occasion de numeroter mes dessins .pour specifier
leur role.

*« J'ai eu tort de
vieillir. Voilà.
J'étais si
heureux dans
l'enfance. [...]
C'est
maintenant
qu'elle se fait
douce,
l'enfance. »*

Antoine

Lettre d'Antoine de Saint Exupéry à son éditeur pour la préparation du *Petit Prince*.

Il multiplie les démarches de toutes sortes pour réintégrer l'armée et combattre enfin. Rejoindre l'armée du général Giraud en Algérie et retrouver sa vraie place, celle qui serait en accord avec sa pensée et ses écrits. Il conçoit l'écriture comme la preuve même de l'engagement, sous peine d'être illusion et mensonge. La complexité de son personnage s'accentue davantage encore durant ces grands préparatifs. Il continue à voir Silvia Hamilton-Reinhardt, pour laquelle il avoue éprouver une grande tendresse. Elle lui écrit des lettres enflammées qui ne font pas mystère de leur relation, toutes traduites en français par une de ses amies. Saint Exupéry, pour apaiser sa peine de le voir partir, lui déclare : « Je voudrais te donner quelque chose de splendide, mais c'est tout ce que j'ai… » Et il met dans ses mains, raconte-t-elle, son « vieil appareil Zeiss Ikon et le *manuscript* français du *Petit Prince…* » Il tente aussi d'adoucir la peine de Consuelo, veut l'habituer à son départ. Au fond de lui, il n'a qu'un désir, rejoindre « la paix du monastère de Solesmes » si jamais il devait réchapper de cette guerre et, en même temps, il rêve de finir ses jours avec elle, dans la tranquillité d'une campagne heureuse. Les signes de ce bonheur seraient la nappe impeccablement blanche d'une table de jardin, un parc aux allées bien soignées et la chaleur d'un poêle…

Chez Greta Garbo

« De ma terrasse vertigineuse, je domine, toute proche, la maison des Max Ernst dont l'atelier s'avance en éperon vers la rivière ; et, presque contiguë, la maison de Saint Exupéry : quatre étages, étroits mais très hauts et profonds, qui furent naguère meublés pour Greta Garbo. Je ne connais rien de plus charmant dans tout New York : moquettes fauves, grands miroirs ternis, bibliothèque vert sombre et vieillotte, une sorte de patine vénitienne, et les bateaux glissent devant les baies vitrées comme au ras des tapis. »

Denis de Rougemont, *Journal*

Dessin réalisé par Antoine de Saint Exupéry au début d'une lettre qu'il écrit à Consuelo.

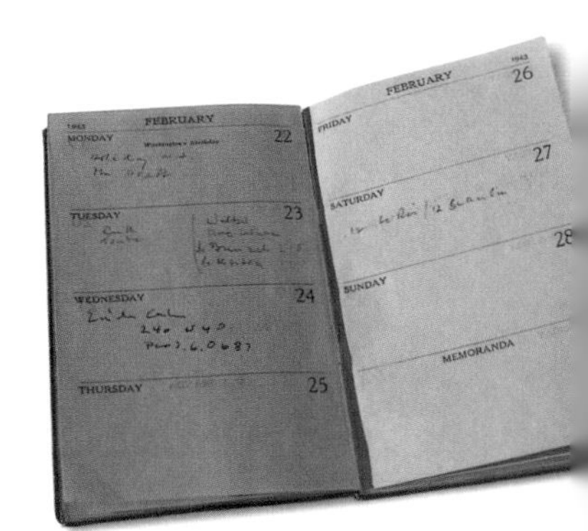

Agenda de Consuelo.

Consuelo à New York en 1943. À la fin de l'année 1942, Antoine et Consuelo rentrent à New York et s'installent à Beekman Place, dans l'ancien appartement de Greta Garbo.

Antoine de Saint Exupéry à la NBC. À la suite du débarquement allié en Afrique du Nord, le 8 novembre 1942, puis de l'occupation de la zone sud de la France, Saint Exupéry lance un appel en faveur du général Giraud, soutenu par les Américains. L'appel, qui commence par ces mots : « D'abord la France », est radiodiffusé sur tous les postes américains émettant en langue française et reproduit dans les journaux d'Afrique du Nord.

« Tu te sentais incompris. C'était une série de malentendus que tu ne parvenais pas à dissiper. »
Consuelo

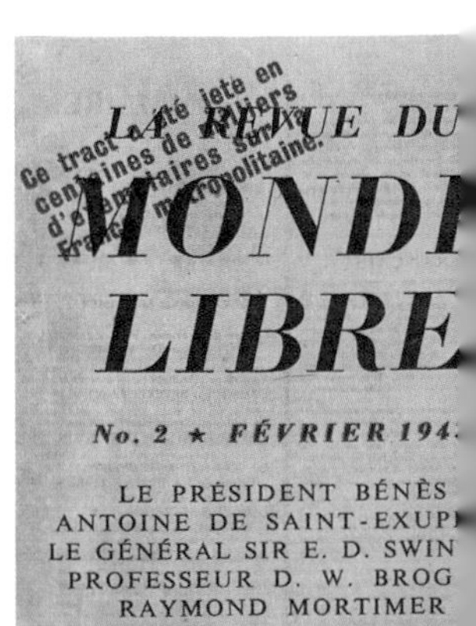

Ce tract a été jeté en centaines de milliers d'exemplaires sur la France métropolitaine.

LA REVUE DU
MOND
LIBRE

No. 2 ★ FÉVRIER 194

LE PRÉSIDENT BÉNÈS
ANTOINE DE SAINT-EXUP
LE GÉNÉRAL SIR E. D. SWIN
PROFESSEUR D. W. BROG
RAYMOND MORTIMER
ETC., ETC.

APPORTÉE PAR LA R.A

Lettre 37

012_02 1

07 [illegible]

Brouillon de la lettre à Maritain.
L'intervention de Saint Exupéry sur les ondes en faveur de Giraud provoque une polémique avec les partisans du général de Gaulle exilés à New York. Jacques Maritain rédige dans le journal *Pour la victoire* une réponse à Saint Exupéry. Désespéré par la polémique, celui-ci lui envoie une longue lettre dans laquelle il justifie sa position. Cette dernière reste sans réponse.

Mon cher ami

Je suis désespéré d'apprendre que vous me « répondez » ~~dans~~ ~~Pour la Victoire~~. J'imaginais que ~~vous aviez aimé~~ vous connaissiez mon article, ~~j'imaginais que vous aviez senti la direction de mon effort~~ [illegible].

Évidemment, à peine ce papier a-t-il paru, j'ai ~~bien~~ dû reconnaître que, par beaucoup, il était lu à contre-sens. Je n'ai vu là qu'un mécanisme ~~passionnel~~. ~~Ceux~~ Quiconque ~~vivent~~ vit de la polémique ~~croient~~ devait [illegible] trouver ~~partout~~ chez ~~autrui polémique ou [illegible]~~. [illegible] j'ai aussi [illegible] on y a [illegible] [illegible] [illegible] [illegible] ! J'ai [illegible], [illegible], [illegible] mon [illegible] ~~[illegible]~~ [illegible] [illegible] [illegible] [illegible] [illegible] [illegible] [illegible] [illegible] [illegible] [illegible] [illegible] [illegible] [illegible] [illegible] (comme [illegible]) de [illegible] [illegible] [illegible] … [illegible] [illegible] [illegible] [illegible] [illegible] [illegible] [illegible] [illegible] … [illegible] [illegible] [illegible] [illegible] [illegible] [illegible] [illegible] [illegible] [illegible] [illegible] [illegible] [illegible] [illegible] [illegible] [illegible] [illegible] [illegible] [illegible] [illegible]. [illegible] [illegible] [illegible] [illegible] [illegible] » [illegible] [illegible] [illegible] [illegible] [illegible] [illegible] [illegible]. » [illegible] [illegible] [illegible] [illegible] [illegible] — comment [illegible] [illegible] [illegible] [illegible] [illegible] [illegible] [illegible] ? — [illegible] [illegible] a [illegible] [illegible] [illegible] [illegible] [illegible] [illegible] [illegible] [illegible] [illegible] ~~Effrayé~~ J'avais [illegible] de … [illegible] ! J'avais [illegible] [illegible] [illegible] [illegible] [illegible] [illegible] [illegible] [illegible] substance. Et [illegible] [illegible]

« New York, les divisions, les disputes, les calomnies m'ont définitivement dégoûté. Peut-être est-ce ça. Ils sont fatigants. Ce n'est pas ça, être un homme. C'est de la fausse algèbre. »

Antoine, lettre à Consuelo

Angélisme qui fait ricaner certains exilés... À André Breton, il adresse une lettre cinglante en réponse à ses attaques : « Il est dommage, lui dit-il, que vous ne vous soyez jamais trouvé face au problème de la mort consentie. Vous auriez constaté que l'homme a besoin alors, non de haine, mais de ferveur. On ne meurt pas "contre", on meurt "pour" [...] Non seulement vous avez lutté contre les armements, l'union, l'esprit de sacrifice, mais vous avez encore lutté contre la liberté de penser autrement que vous, la fraternité qui domine les opinions particulières, la morale usuelle, l'idée religieuse, l'idée de patrie, l'idée de famille, de maison, et plus généralement toute idée fondant un Être, quel qu'il soit, dont l'homme se puisse réclamer. »

Il entretient toujours avec Nelly de Vogüé une correspondance assidue, bien qu'il ait rompu officiellement, lui demande conseil, évoque son manuscrit en cours, *Citadelle*, dont les accents spirituels feront de l'ouvrage un vrai bréviaire humaniste. Ses tourments intérieurs l'empêchent de garder raison. Il est agressif avec ses amis exilés, s'emporte et devient intolérant. « Je ne suis plus rien », dit-il à Max-Pol Fouchet, « Je suis seul, seul, seul », martèle-t-il dans une lettre à Nelly. « Où est-ce que je puis habiter dans l'univers où je sois chez moi ? » Le grand mot est lâché : « Chez moi. » Toute sa vie, il n'a fait que chercher un lieu enfin stable et imprenable, faisant finalement du « lit de maman », toujours invoqué, l'ultime fantasme du bonheur. Quelle que soit alors la lettre qu'il adresse, elle décrit son désespoir intérieur : « J'en demande trop pour ne pas étouffer tout de suite », avouait-il déjà durant l'hiver 1925-1926 : même état près de vingt années plus tard... Sa santé n'est guère florissante. Tous ses maux, dus aux accidents du passé, l'alourdissent et le font souffrir : depuis des années déjà, il s'est habitué à l'opium pour apaiser ses souffrances. Sa pensée est fixée sur l'Europe. Il ne participe plus aux fêtes de la diaspora de luxe qui s'enivre de plaisirs tandis que le monde est aux abois. Peggy Guggenheim organise des fêtes surréalistes avec son mari Max Ernst, comme une manière de conjurer la guerre. Champagne et caviar à profusion... Mais il regimbe à l'idée de s'y rendre, ses actes désormais doivent correspondre à ce qu'il écrit et à ce qu'il pense.

Consuelo aussi s'éloigne de la petite communauté d'exilés. Elle le rejoint et l'accepte. Il veut se dépouiller de tout, lui demandant de n'être plus que « la petite lumière bénie » qui tiendra sa maison éclairée. L'époque des reproches et des disputes est définitivement révolue. Elle se prend au rôle qu'il lui assigne : elle sera désormais la servante du Seigneur, dans la pure tradition chrétienne, celle qui devra attendre, éveillée, le retour du Maître, celle à laquelle il ne s'adressera plus qu'en des termes empruntés le plus souvent au

AMÉRIQUE FRANÇAISE

L'Amérique française.
Cette revue canadienne publie la première partie de *Lettre à un otage* sous le titre de *Lettre à un ami* et rend en quatre articles « Hommage à Saint Exupéry ».

« Je voulais habiter le cœur de mon mari. Il était mon étoile, il était ma destinée, ma foi, ma fin... »
Consuelo

Autoportrait au trait de Saint Exupéry.

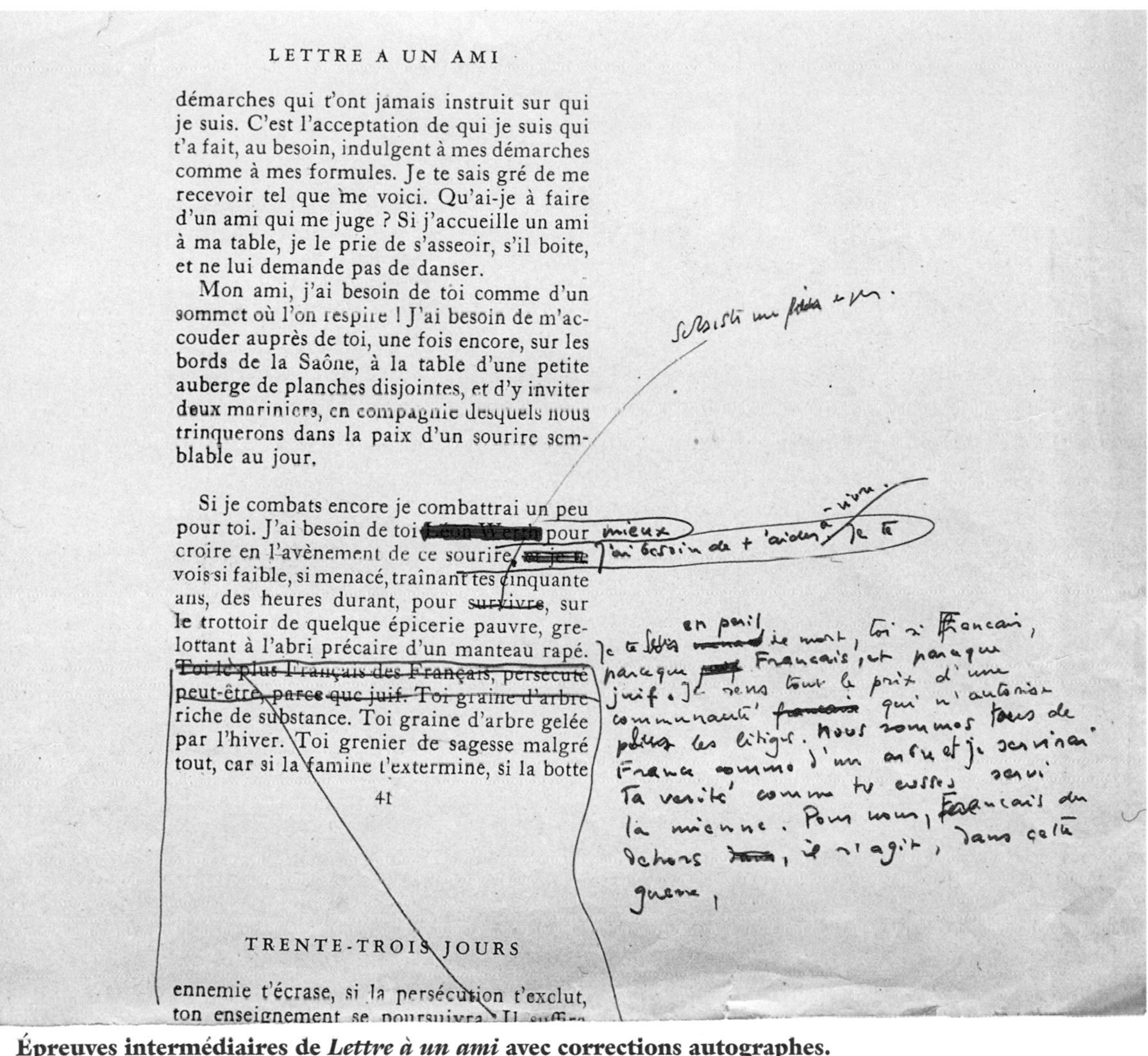
LETTRE A UN AMI

démarches qui t'ont jamais instruit sur qui je suis. C'est l'acceptation de qui je suis qui t'a fait, au besoin, indulgent à mes démarches comme à mes formules. Je te sais gré de me recevoir tel que me voici. Qu'ai-je à faire d'un ami qui me juge ? Si j'accueille un ami à ma table, je le prie de s'asseoir, s'il boite, et ne lui demande pas de danser.

Mon ami, j'ai besoin de toi comme d'un sommet où l'on respire ! J'ai besoin de m'accouder auprès de toi, une fois encore, sur les bords de la Saône, à la table d'une petite auberge de planches disjointes, et d'y inviter deux mariniers, en compagnie desquels nous trinquerons dans la paix d'un sourire semblable au jour.

Si je combats encore je combattrai un peu pour toi. J'ai besoin de toi Léon Werth pour croire en l'avènement de ce sourire, et je te vois si faible, si menacé, traînant tes cinquante ans, des heures durant, pour survivre, sur le trottoir de quelque épicerie pauvre, grelottant à l'abri précaire d'un manteau rapé. Toi le plus Français des Français, persécuté peut-être, parce que juif. Toi graine d'arbre riche de substance. Toi graine d'arbre gelée par l'hiver. Toi grenier de sagesse malgré tout, car si la famine t'extermine, si la botte

41

TRENTE-TROIS JOURS

ennemie t'écrase, si la persécution t'exclut, ton enseignement se poursuivra. Il suffira

Épreuves intermédiaires de *Lettre à un ami* avec corrections autographes.

« *Il n'y a pas trois cents ans, on pouvait écrire La Princesse de Clèves ou s'enfermer dans un couvent pour la vie à cause d'un amour perdu, tant était brûlant l'amour.* »

Antoine

Certificate of Registrar

This is to Certify that pursuant to the Rationing Orders and Regulations administered by the OFFICE OF PRICE ADMINISTRATION, an agency of the United States Government,

(Name, Address, and Description of person to whom the book is issued:)

De SAINT EXUPERY CONSUELO

240 Central Park S.

N.Y. N.Y.

5 ft. 1 in. 125 lbs. BR. BR. 35 yrs.

has been issued the attached War Ration Stamps this 7 day of Aug. 1942, upon the basis of an application signed by himself, herself, or on his or her behalf by his or her husband, wife, father, mother, exception (Check one.)

(Signature)

Local Board No. N.Y. 1 County State N.Y.

Stamps must not be detached except in the presence of the retailer, his employee, or person authorized by him to make delivery.

WAR RATION STAMP 28 26 24 22 20 18 16 14 12 10 8 6

27 25 23 21 19 15 13 11 9 7

Certificat de registre au nom de Consuelo de Saint Exupéry.

vocabulaire sacré. Pour le « petit oiseau des îles », l'enfant gâtée du Paris des années 1920, l'héritière, jadis, de la villa El Mirador à Nice, somptueusement meublée, la reine de toutes les soirées de la Côte qui faisait tourner la tête à D'Annunzio, le rôle est nouveau. Mais elle s'y attache farouchement, presque avec héroïsme… Saint Exupéry ne veut plus être qu'en petit comité, ne dîner qu'avec Consuelo et un ou deux amis, pas plus. Avec son chien Annibal, il retrouve son esprit d'enfance, les jeux de Saint-Maurice. Il fait des bulles de savon et les envoie vers son bouledogue pour qu'il les écrase de ses grosses pattes. Ernst, Rougemont sont parmi les derniers familiers de Beekman Place.

Mais ce qu'Antoine veut avant tout, c'est servir sa patrie. « Il faut qu'on me tire dessus, que je me sente lavé, que je me sente propre dans cette drôle de guerre », dit-il à Consuelo, qui sait qu'elle ne peut échapper à cette volonté de rédemption par la mort, que rien ne pourra le dissuader de partir. « Tu ne serais heureux, écrit-elle, que lorsque tu aurais obtenu ton autorisation de rejoindre ton escadrille, le groupe 2/33, pour aller te battre, pour qu'on te tire dessus… » Les dernières pages du *Petit Prince* laissaient présager sa disparition. Pour Consuelo, il ne reste plus qu'à laisser faire le temps qui se chargera, tout seul, de lui retirer « Tonnio, mon amour, mon arbre… »

Cartes à jouer ayant appartenu à Saint Exupéry à New York.

À toute heure

« Depuis que nous habitons à cent mètres les uns des autres, c'en est fait de mes nuits. Téléphones de Consuelo ou de Tonio à n'importe quelle heure de la nuit. Quelque drame vient de survenir avec X ou Y, ou avec Consuelo : "Venez donc que je vous batte aux échecs !" (Je leur ai dit un soir : " Vous n'êtes pas un couple, mais une espèce de complot permanent contre le sommeil de vos amis. Tout le monde le sait à New York.") Saint-Ex a beaucoup pratiqué les échecs dans ses bases d'aviation en France et en Afrique, il est sans discussion beaucoup plus fort que moi. Mais ce serait peu : il chantonne sans arrêt pendant le jeu, quelquefois un peu faux – exprès ? – ce qui est exaspérant et me fait perdre à tout coup. »

Denis de Rougemont, *Journal*

« Saint Exupéry était le magicien des tours de cartes. Ces jeux permettaient de séparer deux sortes de personnages : d'un côté les pointilleux, les rationalistes de mauvaise raison ; de l'autre, ceux qui acceptent de ne pas tout comprendre. »

Léon Werth

Saint Exupéry jouant aux échecs.
À New York, les longues parties avec les amis lui font oublier la monotonie de sa vie d'exilé.

Derniers jours à New York

« Tu te sentais incompris. Je ne savais comment te distraire. Je te proposais de faire un tour à Central Park, d'aller voir les lions, les tigres, les chimpanzés. J'arrivais à t'arracher un sourire lorsque tu me regardais leur donner à manger des cacahuètes à la main. Toutes ces semaines, depuis 1943, tu vivais avec une brume sur toi, sur ta tête, alors tu prenais de grands ciseaux et tu fabriquais des petits avions. Un jour, un agent de police est même monté à la maison pour te signaler que ça salissait les rues de New York ! Nous avons inauguré la maison de Garbo. J'étais contente, mais je voyais que tu n'étais pas du tout heureux. Tu ne le serais, je le savais bien que lorsque tu aurais obtenu ton autorisation de rejoindre ton escadrille, le groupe 2/33, pour aller te battre, pour qu'on te tire dessus. Tu devais partir, je le savais. »

Consuelo, *Mémoires de la rose*

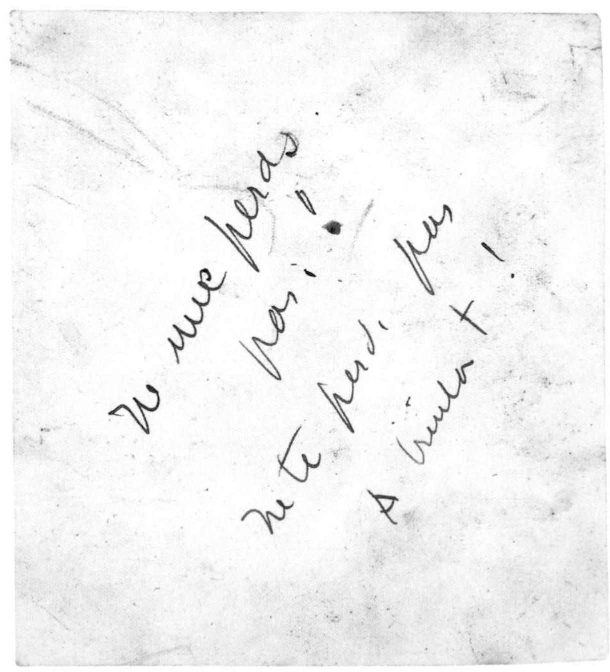

Ne me perds
pas !
ne te perds pas
A bientôt !

Au dos de cette photographie prise dans l'appartement de Greta Garbo qu'occupe le couple à New York, Consuelo a rédigé, à l'attention d'Antoine, ce message d'amour : « Ne me perds pas ! Ne te perds pas. À bientôt ! »

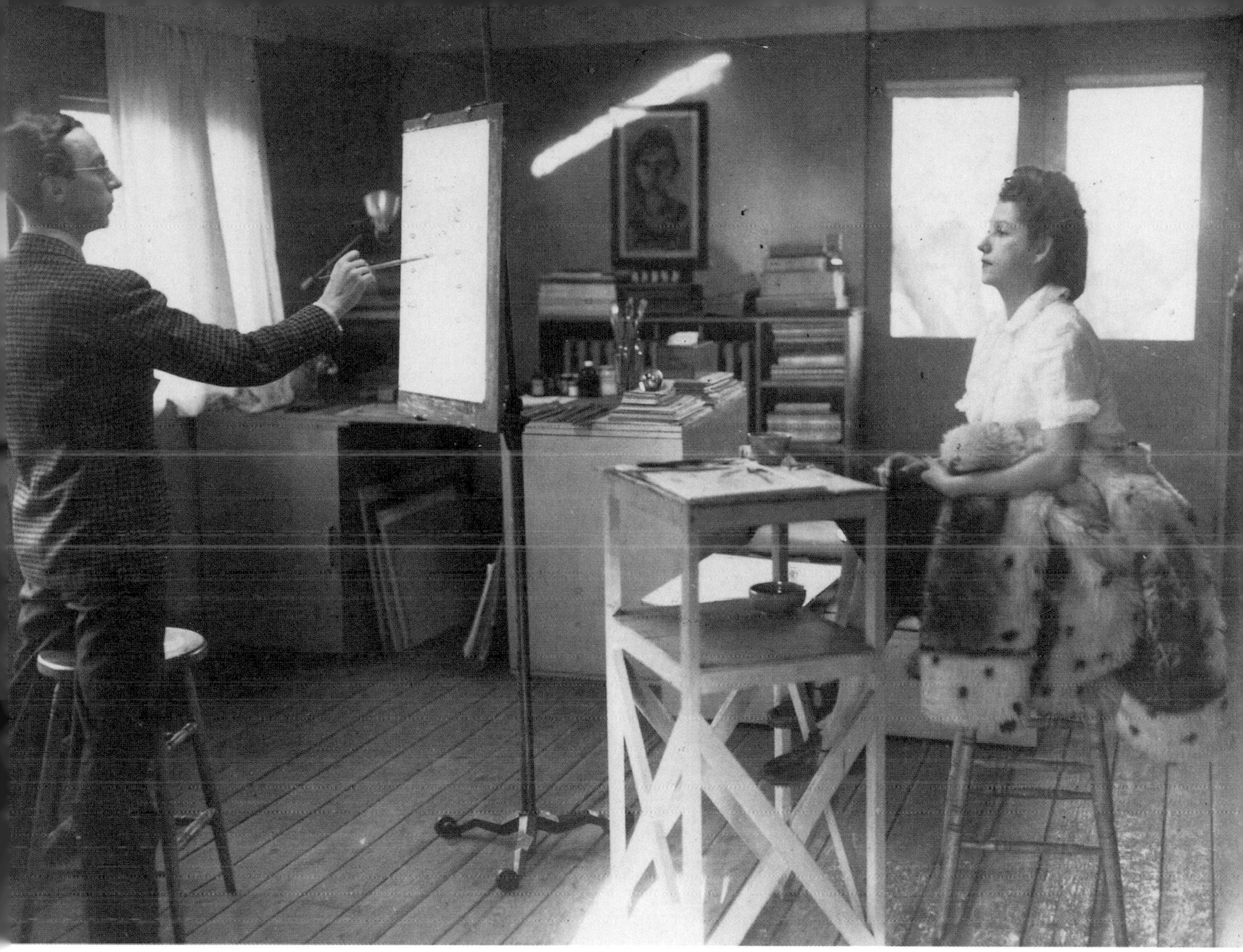

Portrait de Consuelo réalisé lors de longues séances de pose.

« Il fait un temps glacial et je ne comprends pas très bien la vie. Je ne sais pas très bien où me ranger pour être en paix avec moi-même. »

Antoine

Dernière photographie du couple, en 1943. Saint Exupéry, en costume militaire, s'apprête à partir pour la Tunisie où il va reprendre ses missions de reconnaissance aérienne.

« Il faut qu'on me tire dessus, que je me sente lavé, que je me sente propre dans cette drôle de guerre. »

Antoine à Consuelo

Présumé manquant

Portrait d'Antoine de Saint Exupéry par Consuelo.

Saint Exupéry obtient enfin la permission de partir rejoindre ses camarades tant aimés du groupe 2/33. Mobilisé à partir du 1er août 1943, il est fou de joie. À Consuelo, il déclare : « Je ne désire pas me faire tuer, mais s'il le faut, j'accepte bien volontiers de m'endormir. » Elle admet cette fatalité. Elle sait depuis longtemps qu'il est fait, dit-elle, « pour mourir ».

Il multiplie auprès d'elle les preuves d'amour, l'assure de nouveau que sa liaison avec Nelly de Vogüé est rompue, qu'elle sera, elle, Consuelo, qui lui a suggéré de dédier *Le Petit Prince* à son ami Léon Werth, l'héroïne de la suite qu'il entend donner au conte et qu'elle lui sera alors dédiée. « Tu ne seras plus jamais une rose avec des épines, tu seras la princesse de rêve qui attend toujours le Petit Prince… »

À New York, les amis de l'exil réconfortent Consuelo : « Quelle joie d'être la femme de Saint Ex, lui disent-ils…Vous avez une vie unique. Il va descendre beaucoup de Messerschmitt, vous verrez, ce sera comme au cinéma, vous serez fière de la gloire que vous apportera votre mari et qui rejaillira sur vous… » Mais elle reste inconsolable. Elle affecte de ne rien montrer, et, pour ne pas assombrir davantage « Tonnio », elle trouve même les moyens de rire et de parler de son retour.

Il part enfin. Les adieux sont déchirants. Consuelo les rapportera dans ses Mémoires, ne laissant rien échapper de la blessure et de la brûlure : « Ma maison, je l'ai ici, dans toi, lui murmure Saint Exupéry avant de la quitter, et ma fontaine est dans tes yeux. Quand tu les ouvriras, je reviendrai avec une barbe blanche, peut-être clopin-clopant, et tu devras me trouver beau comme un arbre qui aurait reçu de la neige, la neige du temps de la guerre. Ferme les yeux, ma Pimprenelle, et je m'en irai. »

*« Les tendresses,
au départ,
on les abandonne
derrière soi avec
une morsure au cœur,
mais aussi
avec un étrange
sentiment
de trésor enfoui
sous terre. »*

Antoine

Départ en mission de Saint Exupéry, alors basé à Alghero, en Sardaigne.

Lake George, fin juin
le jour de ton anniversaire

Tonnio, mon amour.

Je me suis reveillé a 6 heures du matin, j'ai courru en pijama au lac, pour tramper mes pattes, l'eau est douce. Un soleil amaranta arrive par derriere ma voisine montagna. Et je songe a toi mon aimé. Et je suis heureuse de te penser, de te rever. Malgré la peur que j'ai de te savoir le plus vieux pilote du monde, mon cheri, si tout les hommes te resemblait !

Je dois courrir, jusque au village a une petite eglise catholique ou on dit la messe a 7.30 tous les jours, et c'est la seule messe ici. Tres peu de catholiques et tres peu de pretres catholiques je veux aller m'assoir dans les banquettes abandonnées de l'eglise aujourd'hui jour de ton anniversaire

C'est tout c'est que je peu te donner — Alors, je courre, mon mari, je dois m'habiller. j'ai une demie heure de marche a pied jusque a l'eglise.

A bientot. si je ne vous vois plus dans cet planette sachez que vous me trouverez pres du Bon Dieu vous attendant, pour de bon !

Vous est dans moi comme la vegetation est sur la terre. je vous aime vous mon tresor, vous mon monde.

votre femme.

Consuelo.

29 juin 1944.

Lettre de Consuelo à Antoine, le jour de son anniversaire.
(Transcription en fin de volume)

« Je veillais… Je n'entendais aucun bruit mais je vous sentais traverser les eaux, chaque minute, parce que vous n'étiez pas dans ces eaux, mais dans moi, au plus profond de mes entrailles. »

Consuelo

Quelques heures après, à la fenêtre de leur appartement qui longe l'Hudson, le trafic des bateaux de guerre, tout illuminés comme des arbres de Noël dans la nuit, est incessant. L'un d'entre eux est peut-être celui qui accompagne le sous-marin dans lequel Saint Exupéry est embarqué. « Je veillais… Je n'entendais aucun bruit mais je vous sentais traverser les eaux, chaque minute, parce que vous n'étiez pas dans ces eaux, mais dans moi, au plus profond de mes entrailles. Vous savez, Tonnio, vous aviez raison, j'étais votre mère aussi. »

« Je vais me faire tirer dessus pour protéger la paix d'Agay, la qualité des choses que j'aime. La loyauté. La simplicité. La fidélité, le travail tendre, non le jeu de la vérité où l'on ment en exil loin de toutes choses humaines… »

Antoine, lettre à Consuelo

La guerre est vécue par lui comme un défi, défi à la mort d'abord, mais aussi défi à un monde qui s'annonce cruel et anonyme, d'où tout ce qui aura fait l'homme, le village, l'église, la fontaine, le pain, le champ, sera effacé. Étrangement, plus Antoine s'éloigne de Consuelo, plus, lui dit-il, il s'en rapproche. Et de fait, les plus belles lettres qu'il ait pu lui écrire datent de cette époque. Chant d'amour lyrique et passionné et crainte de ne jamais plus la revoir. Mais il vit cette aventure comme une Passion mystique, à la manière de Charles Péguy, se préparant, dès septembre 1914, à partir au front…

Promu commandant le 25 juin 1943, il commence en Tunisie des missions de reconnaissance avec des appareils photographiques. Il survole Agay, qui sera détruit par les Allemands un an plus tard. Il tourne autour du château bâti au bord de la mer, rejoint en pensée sa mère, « ma petite maman, ma vieille maman, ma tendre maison, au coin du feu de votre cheminée... vous qui avez eu raison dans toutes les choses de la vie ». Il lui fait passer ces mots qu'elle ne recevra qu'en janvier 1944, par les soins d'un résistant. Il a alors comme retrouvé l'élan de l'époque révolue, celle de l'Aéropostale, où le pilote était celui qui faisait le lien avec les hommes et repérait avec bonheur les lampes allumées des villages d'une France pour laquelle il combattait désormais, une France fidèle et conforme, celle de son enfance, rurale et terrienne, qui saurait conserver son héritage chrétien, préserver sa civilisation. Mais il doit se rendre à l'évidence : « Les hommes refusent d'être réveillés à une vie spirituelle », confie-t-il au général X. Désormais, pour lui, être écrivain, c'est d'abord « rendre aux hommes une signification spirituelle. Faire pleuvoir sur eux quelque chose qui ressemble à un chant grégorien... » À bord de son avion, il appelle à la rescousse tous ceux qu'il aime, Consuelo d'abord, « ma femme devant Dieu », mais aussi toute sa famille, les êtres tutélaires de son enfance, sa mère, ses sœurs et Paula, la nurse tyrolienne…

« Ah Tonnio, mon bien-aimé, c'est terrible d'être la femme d'un guerrier. »

Consuelo

Saint Exupéry près de l'avion Lightning P 38.

Lettre d'Antoine de Saint Exupéry à Consuelo.

« Chéri, je dois encore te dire ces gens qui en haïssent d'autres. Poussin, je ne crois plus guère dans les hommes. Poussin chéri, je n'en peux plus je n'en peux plus. Poussin à plumes toutes de travers soyez-moi un peu fontaine et jardin. Poussin chéri, il faut bien que je puisse chérir quelque chose sinon je me sens léger, léger, si léger que je puis m'envoler. »

J'ai 42 ans...

« Voyez-vous, Consuelo, j'ai quarante-deux ans. J'ai subi des tas d'accidents. Je ne puis même pas me jeter en parachute. J'ai deux jours sur trois le foie bloqué, un jour sur deux le mal de mer. Une oreille qui, à la suite d'une fracture au Guatemala, bourdonne nuit et jour. Des soucis matériels immenses. Des nuits blanches usées contre un travail que les angoisses non épargnées rendent plus difficiles à réussir que le déplacement d'une montagne. Je me sens tellement, tellement las ! Et je pars quand même, moi qui ai toutes les raisons de rester, qui ai dix mobiles de réforme, qui ai déjà – et durement – fait ma guerre. Je pars. J'ai les engagements nécessaires là-dessus. Je pars pour la guerre. Je ne puis supporter d'être loin de ceux qui ont faim. Je ne connais qu'un moyen d'être un paix avec ma conscience et c'est de souffrir le plus possible. De rechercher le plus de souffrances possible. Ça me sera généreusement accordé à moi qui ne peux, sans souffrir physiquement tel que je suis, porter un paquet de deux kilos, me relever d'un lit ou ramasser un mouchoir par terre. Je ne pars pas pour mourir. Je pars pour souffrir et ainsi communier avec les miens. Je ne désire pas me faire tuer, mais j'accepte bien volontiers de m'endormir ainsi. »

Antoine, lettre à Consuelo

Les dernières photographies d'Antoine de Saint Exupéry ont été réalisées par John Phillips, grand reporter au magazine américain *Life*. Les deux hommes, qui s'étaient rencontrés en 1939, se sont retrouvés sur le théâtre des opérations méditerranéennes après que Saint Exupéry eut rejoint son unité.

Au départ d'une mission.

*« J'ai besoin
de toi comme de l'été.
Besoin de toi.
C'est bien mystérieux
cet amour qui n'a
jamais voulu mourir.
Et voilà que j'ai
appris à compter sur
toi. Et je sais que je
puis m'appuyer contre
toi. Tu m'écris des
lettres que je lis et je
relis. Et qui sont mes
seules joies.
Les seules.
Absolument les seules
par ces temps noirs.
Je vous aime,
Consuelo. »*

Antoine, lettre à Consuelo

Chéri.

J'ai une terreur de
puis je t'écris,
comment faire, pour
que mes lettres t'arrivent
je donne à Wencelius
une douzaine.
Que le Ciel te les porte
avec tous mes prières
et mes baisers.

Pimprenelle

en faisant la vaisselle
dans la
cuisine.
La nuit dernière
je les ai dits combien je t'aime!

Lettre de Consuelo.
« J'ai une terreur dès que je t'écris. Comment faire pour que mes lettres t'arrivent ? J'en donne à Wencelius une douzaine. Que le ciel te les porte avec toutes mes prières et mes baisers. Pimprenelle. »

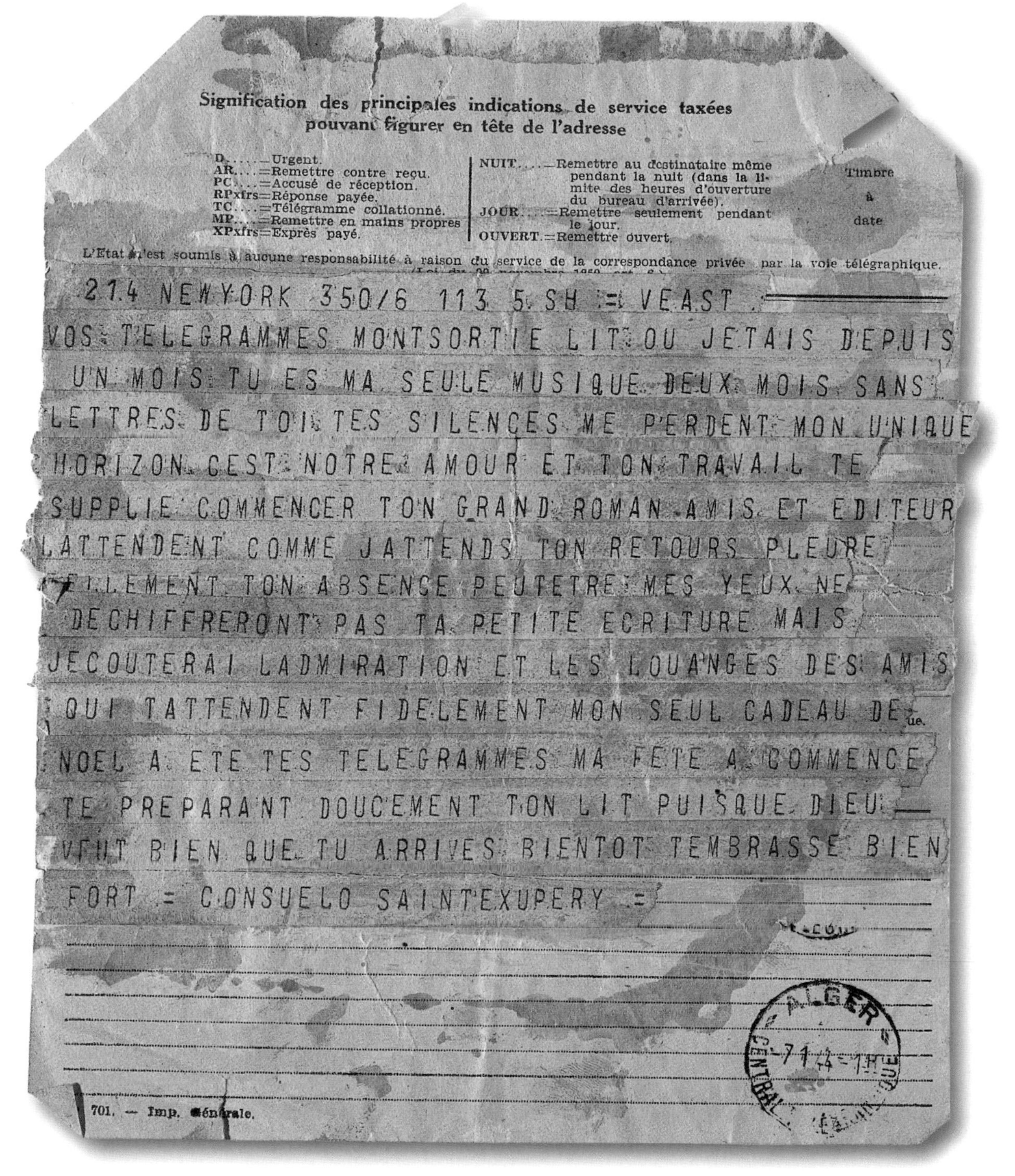
Signification des principales indications de service taxées
pouvant figurer en tête de l'adresse

D.....=Urgent.
AR....=Remettre contre reçu.
PC....=Accusé de réception.
RPxfrs=Réponse payée.
TC....=Télégramme collationné.
MP....=Remettre en mains propres
XPxfrs=Exprès payé.

NUIT....=Remettre au destinataire même pendant la nuit (dans la limite des heures d'ouverture du bureau d'arrivée).
JOUR....=Remettre seulement pendant le jour.
OUVERT.=Remettre ouvert.

Timbre à date

L'Etat n'est soumis à aucune responsabilité à raison du service de la correspondance privée par la voie télégraphique.

214 NEWYORK 350/6 113 5 SH = VEAST =

VOS TELEGRAMMES MONTSORTIE LIT OU JETAIS DEPUIS UN MOIS TU ES MA SEULE MUSIQUE DEUX MOIS SANS LETTRES DE TOI TES SILENCES ME PERDENT MON UNIQUE HORIZON CEST NOTRE AMOUR ET TON TRAVAIL TE SUPPLIE COMMENCER TON GRAND ROMAN AMIS ET EDITEUR LATTENDENT COMME JATTENDS TON RETOURS PLEURE TELLEMENT TON ABSENCE PEUTETRE MES YEUX NE DECHIFFRERONT PAS TA PETITE ECRITURE MAIS JECOUTERAI LADMIRATION ET LES LOUANGES DES AMIS QUI TATTENDENT FIDELEMENT MON SEUL CADEAU DE NOEL A ETE TES TELEGRAMMES MA FETE A COMMENCE TE PREPARANT DOUCEMENT TON LIT PUISQUE DIEU VEUT BIEN QUE TU ARRIVES BIENTOT TEMBRASSE BIEN FORT = CONSUELO SAINTEXUPERY =

ALGER CENTRAL

701. — Imp. Générale.

Télégramme de Consuelo à Antoine
Vos télégrammes m'ont sortie lit où j'étais depuis un mois. Tu es ma seule musique. Deux mois sans lettres de toi. Tes silences me perdent. Mon unique horizon c'est notre amour et ton travail. Te supplie commencer ton grand roman. Amis et éditeur l'attendent comme j'attends ton retour. Pleure tellement ton absence. Peut-être mes yeux ne déchiffreront pas ta petite écriture, mais j'écouterai l'admiration et les louanges des amis qui t'attendent fidèlement. Mon seul cadeau de Noël a été tes télégrammes. Ma fête a commencé te préparant doucement ton lit puisque Dieu veut bien que tu arrives bientôt. T'embrasse bien fort.
Consuelo Saint Exupéry

De Gaulle, à Alger, prononce en octobre 1943 un discours au cours duquel il évoque les intellectuels et les écrivains français pour les remercier de leur aide, mais Saint Exupéry n'est pas cité, comme André Maurois ou Saint-John Perse. Ulcéré, il en éprouve une telle amertume que son désir de s'offrir en martyr redouble. Il écrit encore à Nelly de Vogüé, mais ce ne sont pas des lettres d'amour, plutôt de longues confessions dans lesquelles il se met à nu, décrit son désespoir. Il se dit sans identité tant qu'il n'est pas au front, « sans état civil », « chômeur », « misérable »... Des télégrammes de Consuelo ravivent la passion qu'il éprouve pour elle et qui, toujours aussi intense, n'a plus cependant le même caractère qu'autrefois. L'enjeu de cet amour devient vital, il se risque à la mort. « Tu es ma seule musique, lui écrit-elle, deux mois sans lettres de toi / tes silences me perdent / mon unique horizon c'est notre amour / te supplie commencer ton grand roman / [...] j'attends ton retour / pleure tellement ton absence / [...] mes yeux ne déchiffreront plus ta petite écriture mais j'écouterai l'admiration et les louanges des amis qui t'attendent fidèlement / mon seul cadeau de Noël a été tes télégrammes / ma fête a commencé en te préparant doucement ton lit puisque Dieu veut bien que tu arrives bientôt / t'embrasse fort / Consuelo de Saint Exupéry. »

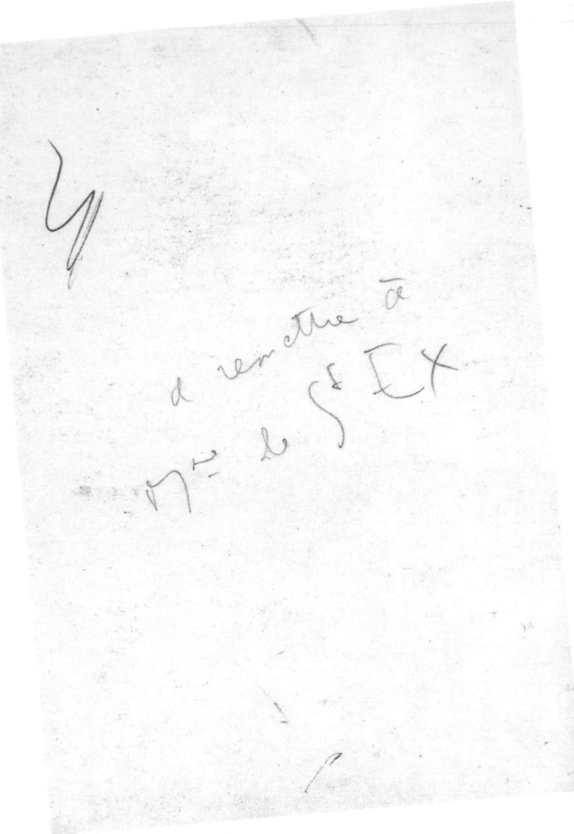

Dédicace de John Phillips sur le verso d'une photographie.

« J'ai fini l'aménagement de ton bureau. Les fauteuils sont beaux, les tables bien cirées. Les tonnes de papier que tu as noirci en hâte avant ton embarquement, je les ai rangées avec beaucoup de soin, sois tranquille, dans deux coffres munis de très belles serrures et j'étais fière d'avoir mis de l'ordre chez toi. »

Consuelo

Il lui obéit et passe la fin de 1943 à travailler, durant ses moments de détente, à *Citadelle*. Il est le seul à savoir que les injonctions d'écrire de Consuelo sont sincères et aimantes alors que son entourage familial déplora toujours cette pression qu'elle exerçait sur lui, pensant qu'elle voulait en tirer profit. Mais malgré les efforts et les mots d'amour de sa femme, la dépression le guette toujours : « Ai vieilli de cent ans de penser à vous loin de moi et vous aime plus que jamais », lui télégraphie-t-il pour Noël. En visionnaire, il voit poindre à l'horizon une terre sans hommes, une société aveugle de termites...

Le début de l'année 1944 lui ordonne enfin de rejoindre le 2/33, déplacé en Sardaigne, à Alghero. Il a officiellement le droit d'effectuer cinq missions. Il en fera dix. Des ennuis techniques s'accumulent. Tantôt le moteur gauche prend feu, tantôt une panne de moteur l'oblige à rentrer à basse altitude à Bastia. On est en juin. Les missions, qui sont photographiques, l'exaltent. Il adopte un ton toujours plus mystique et spirituel. Il s'avance lentement vers sa mort, avec sérénité.

Lettre d'Antoine de Saint Exupéry à Consuelo.
« Ma petite femme chérie je veux te dire combien j'ai pu être heureux à North Port. Je le comprends aujourd'hui sereinement. Ç'a été là, peut-être, le dernier paradis de ma vie. Ma petite femme chérie vous me faisiez un grand feu de bois que je pouvais respirer de tout mon cœur, sans amertume ni remords ni regrets. »

Dans de purs accents pascaliens – à ce moment-là il lit abondamment les *Pensées* de Pascal –, il dit que l'on ne « va que vers où l'on pèse ». Et cette pesée l'entraîne vers le sacrifice de sa vie. En vol, il prétend qu'il n'a jamais mieux compris les paroles du Christ quand il déclare « porter sur lui les péchés du monde ». Lui aussi, logé dans son cockpit, seul, il prétend porter cette douleur de la guerre.

Nelly de Vogüé, elle, est partie pour Londres ; il le fait savoir à Consuelo pour la rassurer et lui dire qu'il n'y a « que vous et moi ».

Et de fait, l'histoire d'amour qui les relie depuis 1930 prend un tour presque mythique. Celle que la famille et le monde des lettres avaient ignorée ou méprisée est à présent indissolublement liée à lui. À sa mère, il continue toujours d'envoyer des lettres pressantes d'amour, un peu plus courtes cependant qu'à l'ordinaire, mais qui vont à l'essentiel. « Quand sera-t-il possible de dire qu'on les aime à ceux que l'on aime ? », déplore-t-il. Malgré sa rupture, il adresse toujours un courrier abondant à Nelly ; il y écrit des mots troublants, une sorte de bilan : « La vérité [...] c'est de se promener nu en avion. C'est apprendre à lire aux enfants. » À Nelly encore, il écrira toujours des lettres qui n'en finissent pas, lui confiant ses inquiétudes. Il était fini pour elle, cependant, le temps où elle l'accompagnait à bord des avions qu'elle lui offrait ! « Naviguant au-dessus des nuages, il s'amusait à vous faire surgir un nuage, un lac, au chronomètre. "Je vais te faire cadeau d'une cathédrale", disait-il. Il regardait sa montre, appuyait sur le manche pour traverser la couche de nuages et vous offrait la tour gothique à quelques centaines de mètres. »

« Nous avons traversé des moments difficiles, la tempête était dans mon cœur, et pour m'apaiser, vous me passiez vos mains d'archange sur le front, vous me parliez, avec vos mots magiques, d'amour, de sacré, de tendresse, de fidélité, et tout recommençait. »

Consuelo

Petite Consuelo chérie

mon petit rat à plumes, ma pimprenelle, ma
petite femme un peu folle, mon chéri que devenez
vous ? Vous me manquez. Vous me manquez maintenant,
en profondeur, comme une source d'eau fraîche. Et
cependant Dieu sait combien vous êtes insupportable
et violente et injuste. Mais il y a derrière tout ça
une petite lumière tranquille, une si gentille fiancée
une épouse. Petite Consuelo chérie vous êtes ma
femme pour toute la vie jusqu'au dernier souffle
[illegible] je vous pardonne bien tout le reste [illegible] vous laissez

(Ci-contre) Lettre d'Antoine de Saint Exupéry à Consuelo.
Petite Consuelo chérie
Mon petit rat à plumes, ma pimprenelle, ma petite femme un peu folle, mon chéri que devenez-vous ? Vous me manquez. Vous me manquez vraiment, en profondeur, comme une source d'eau fraîche. Et cependant Dieu sait combien vous êtes insupportable et violente et injuste, mais il y a derrière tout ça une petite lumière tranquille, une si gentille tendresse, une épouse. Petite Consuelo chérie vous êtes ma femme pour la vie jusqu'au dernier souffle.

*« Consuelo chérie,
petite Consuelo…
Mon tout petit comme
je vous aime. »*
Antoine, lettre à Consuelo

Prière que doit dire Consuelo chaque soir

Seigneur ce n'est pas la peine de vous fatiguer beaucoup. Faites moi simplement comme je suis. J'ai l'air vaniteuse dans les petites choses mais dans les grandes choses je suis humble. J'ai l'air égoïste dans les petites choses mais dans les grandes choses je suis capable de tout donner, même ma vie. J'ai l'air impure, souvent, dans les petites choses, mais je ne suis heureuse que dans la pureté.

Seigneur faites moi semblable, toujours, à celle que mon mari sait lire en moi.

Seigneur, Seigneur sauvez mon mari parce qu'il m'aime véritablement et que sans lui je serais trop orpheline, mais faites, Seigneur, qu'il meure le premier de nous deux parce qu'il a l'air, comme ça, bien solide, mais qu'il s'angoisse trop quand il ne m'entend plus faire du bruit dans la maison. Seigneur épargnez lui d'abord l'angoisse. Faites que je fasse toujours du bruit dans sa maison, même si je dois, de temps en temps, casser quelquechose.

Aidez moi à être fidèle et à ne pas voir ceux qu'il méprise ou qui le détestent. Ça lui porte malheur parce qu'il a fait sa vie en moi.

Protégez, seigneur, notre maison.

votre Consuelo.

Amen.

Manuscrit autographe d'Antoine de Saint Exupéry de la prière de Consuelo, qu'il lui envoya en janvier 1944.

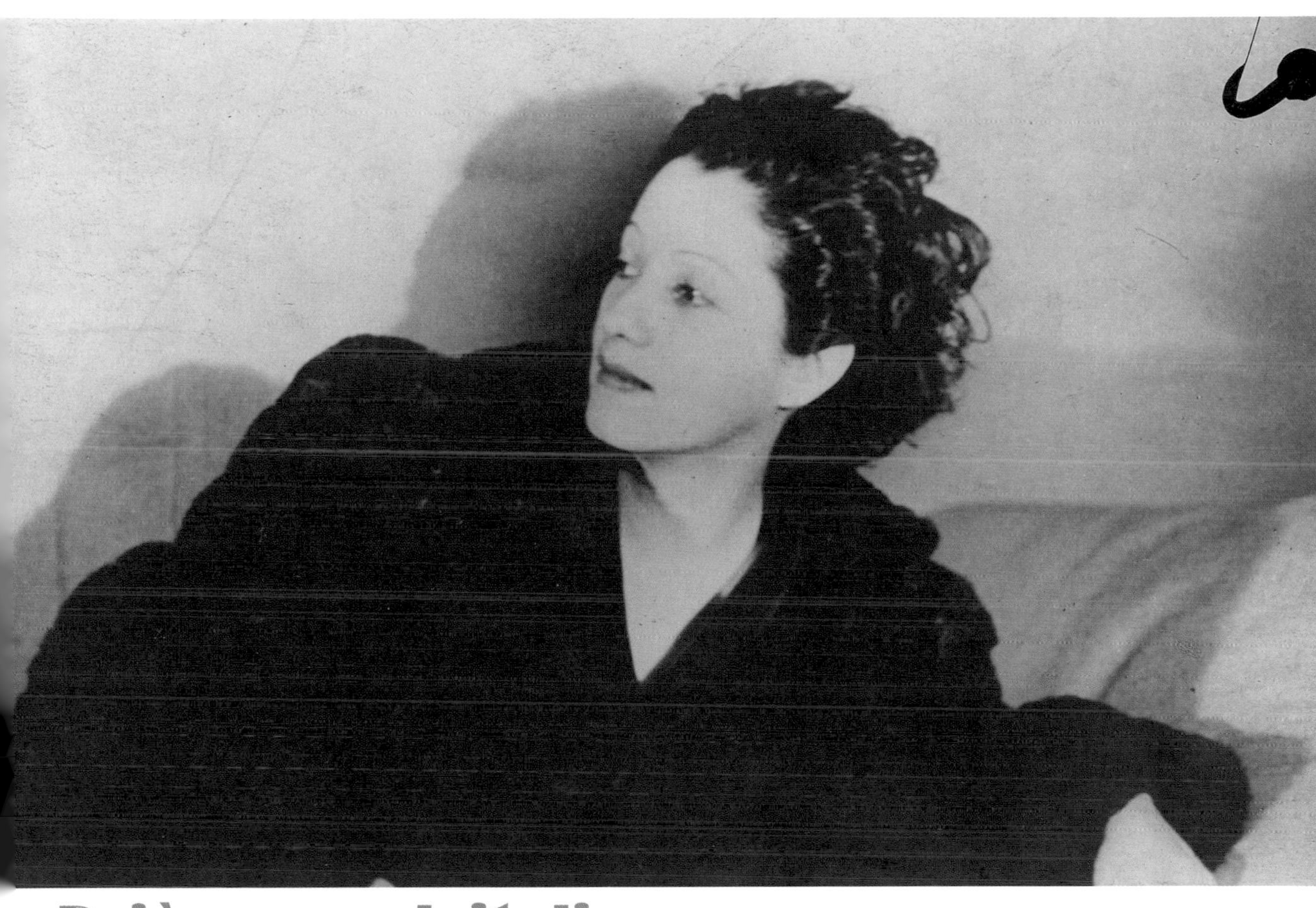

Prière que doit dire Consuelo chaque soir

Seigneur
ce n'est pas
la peine de vous
fatiguer beaucoup.
Faites-moi
simplement comme
je suis. J'ai l'air
vaniteuse dans les
petites choses,
mais dans
les grandes choses,
je suis humble.
J'ai l'air égoïste dans
les petites choses
mais dans les
grandes choses,
je suis capable
de tout donner
même ma vie.
J'ai l'air impure,
souvent, dans les
petites choses, mais
je ne suis heureuse
que dans la pureté.
Seigneur, faites-moi
semblable, toujours,
à celle que mon mari
sait lire en moi.
Seigneur, Seigneur,
sauvez mon mari
parce qu'il m'aime
véritablement et que
sans lui je serais trop
orpheline, mais
faites, seigneur, qu'il
meure le premier de
nous deux, parce
qu'il a l'air, comme
ça, bien solide, mais
qu'il s'angoisse trop
quand il ne
m'entend plus faire
du bruit dans la
maison. Seigneur,
épargnez-lui d'abord
l'angoisse. Faites que
je fasse toujours
du bruit dans
la maison, même si
je dois, de temps
en temps, casser
quelque chose.
Aidez-moi à être
fidèle et à ne pas
voir ceux qu'il
méprise ou qui le
détestent. Ça lui
porte malheur parce
qu'il a fait sa vie
en moi.
Protégez, Seigneur,
notre maison,
Votre Consuelo
Amen

Saint Exupéry aux commandes de son P 38.

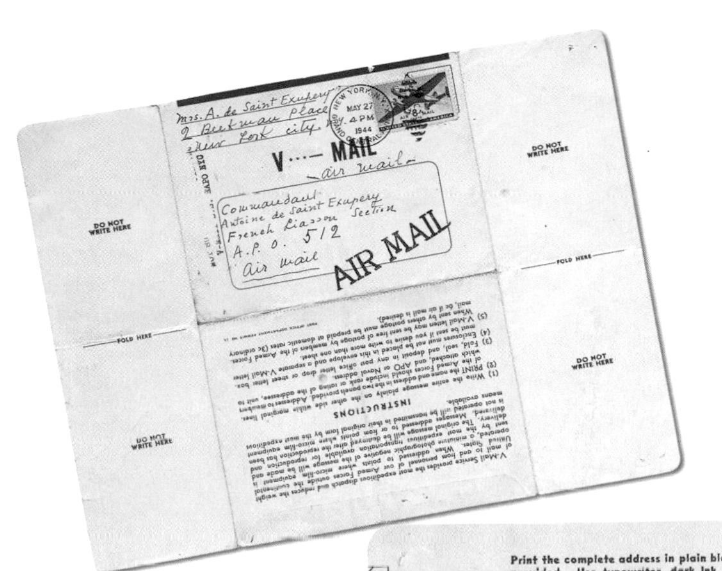

« Conseil à retenir : quand tu auras perdu la douzaine de stylos qui sont dans ta malle numéro 2, tu en as encore un que j'ai attaché avec une chaîne dans la doublure de ton costume militaire bleu marine. Tu trouveras dans la même poche ta Légion d'honneur extra, parce que je sais que celles qui sont dans les colis, tu ne les trouveras jamais. »

Consuelo

Print the complete address in plain block letters in the panel below, and your return address in the space provided. Use typewriter, dark ink, or pencil. Write plainly. Very small writing is not suitable.

No.

To

This V-Mail letter could not be photographed because Address omitted. Kindly advise your correspondents

(CENSOR'S STAMP)

From

(Sender's name)

(Sender's address)

(Date)

Mon Papou :

Depuis que vous avez quitté Alger je ne sais rien de vous. La guerre vous occupe, comme a tout le monde Vous n'avez pas le besoin de me rassurer de me cheris par lettre au moins. Je suis malade, angoisse de ton silence. Je croyais – "que mes peines étaient fini pour toujours. Parlé moi Tonnio C'est horrible les vides, les abimes que tu sais ouvrir entre nous deux.

Mon petit. donnez moi confiance, car je veux bientot mourir. Ma tete travaille si mal. Aidez moi – écrivez moi au bien, il n'y a plus de lettres pour moi ? Cheri – je vous embrasse, je souffre. Je ne sais pas ou aller. donnez moi vite vos bras, que je suis tranquile, que je sais un petit morceau de vous meme

Consuelo.

Je reste au je suis 2 Beckman place.

V...-MAIL

POST OFFICE DEPARTMENT PERMIT NO 14

Lettre de Consuelo à Antoine

Mon papou,
Depuis que vous avez quitté Alger, je ne sais rien de vous. La guerre vous occupe comme tout le monde. Vous n'avez pas le besoin de me rassurer, de me chérir par lettre au moins. Je suis malade, angoissée de ton silence. Je croyais que mes peines étaient finies pour toujours. Parlez-moi, Tonnio, c'est horrible ces vides, ces abîmes que tu sais ouvrir entre nous deux. Mon petit, donne-moi ta confiance car je vais bientôt mourir. Ma tête travaille si mal. Aidez-moi, écrivez-moi. Il n'y a plus de lettres pour moi ? Chéri, je vous embrasse. Je souffre. Je ne sais pas où aller. Donnez-moi vite vos bras, que je sois tranquille, que je sois un petit morceau de vous.
Consuelo

Présumé manquant

Lettre de Consuelo à Antoine.
(Transcription en fin de volume)

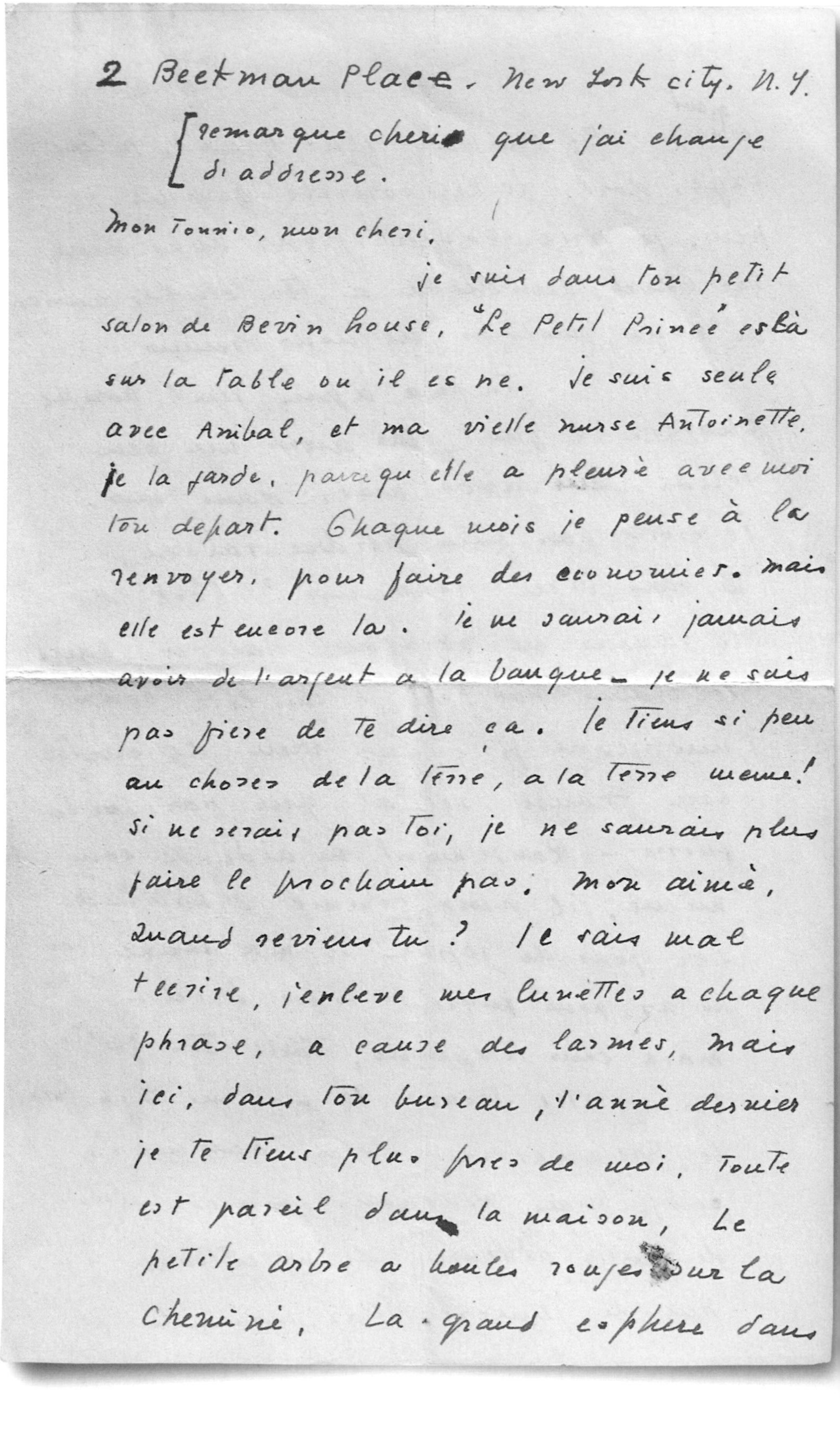

2 Beekman Place. New York city. N.Y.

[remarque cheri que j'ai change d'addresse.

Mon Tonnio, mon cheri,

je suis dans ton petit salon de Bevin house, "Le Petit Prince" esta sur la table ou il es ne. Je suis seule avec Anibal, et ma vielle nurse Antoinette. je la garde, parcequ elle a pleurè avec moi ton depart. Chaque mois je pense à la renvoyer, pour faire des economies. mais elle est encore la. je ne saurai jamais avoir de l'argent a la banque – je ne suis pas fiere de te dire ça. je tiens si peu au choses de la terre, a la terre meme! si ne serais pas toi, je ne saurais plus faire le prochain pas. Mon aimè, quand reviens tu? Je sais mal t'ecrire, j'enleve mes lunettes a chaque phrase, a cause des larmes, mais ici, dans ton bureau, l'annè dernier je te tiens plus pres de moi. Toute est pareil dans la maison, Le petite arbre a boules rouges sur la cheminè. La grand esphere dans

le grand salon. Et Annibal plus grand, plus
sage, dors. je me console comme je
peu, je prie souvent pour nous deux
Toi cheri, demande a tes etoiles amies
de nous proteger. de nous reunir.
Tu m'a apris mil bonne
choses, il faut etre aussi un peu
solide, dur avec moi, dans moi,
je crois par fois perdre raison,
tu sais bien, pourquoi ? C'est de
te savoir en constant danger. Dans
le trains par fois je sanglote comme
une jeune fille qui vien de quiter
son fiance soldat qui pars par la
guerre – Rougemont m'aide de son
mieux, il viens comme d'habitude
son jour de repos. il m'a donné 100
dollars pour payer le loyer d'ici –
Mais sans telephone, taxis tres chers,
Les invites trouve la maison trop loin
le premier moi j'etais heureuse de
cela, mais Rouchaud m'a conseillé
de partir ailleurs, de m'entourer un
peu de jeunesse. Par moments je

Pour Consuelo, la tonalité est différente : toujours précédées de l'incantation « Ô Consuelo », ses missives sont toutes nourries de projets et de déclarations enflammées dans lesquelles il ne cesse de répéter son amour pour elle. Il ne veut pas non plus afficher son pessimisme et sa souffrance auprès de ses camarades. Il se livre, comme il l'a toujours fait à Toulouse, à Cap-Juby ou à Buenos Aires, à des pitreries qui amusent le groupe, le dérident. Tours de magie, tours de cartes, et même voyance… Malgré ses douleurs physiques (il croit avoir un cancer du pylore, mais ces douleurs sont dues en réalité à une vertèbre cassée), il veut donner le change, justifier sa présence dans le groupe. C'est lui qui remonte le moral des plus jeunes, qui les charme par son art de raconter, les amuse par ses

« Ce territoire, les 10 000 mètres, ce territoire inhabitable où on est menacé par vingt-cinq pannes différentes, dont celle de l'inhalateur, qui vous exécute, et du réchauffage, qui vous change en glace tout entier. »

Antoine

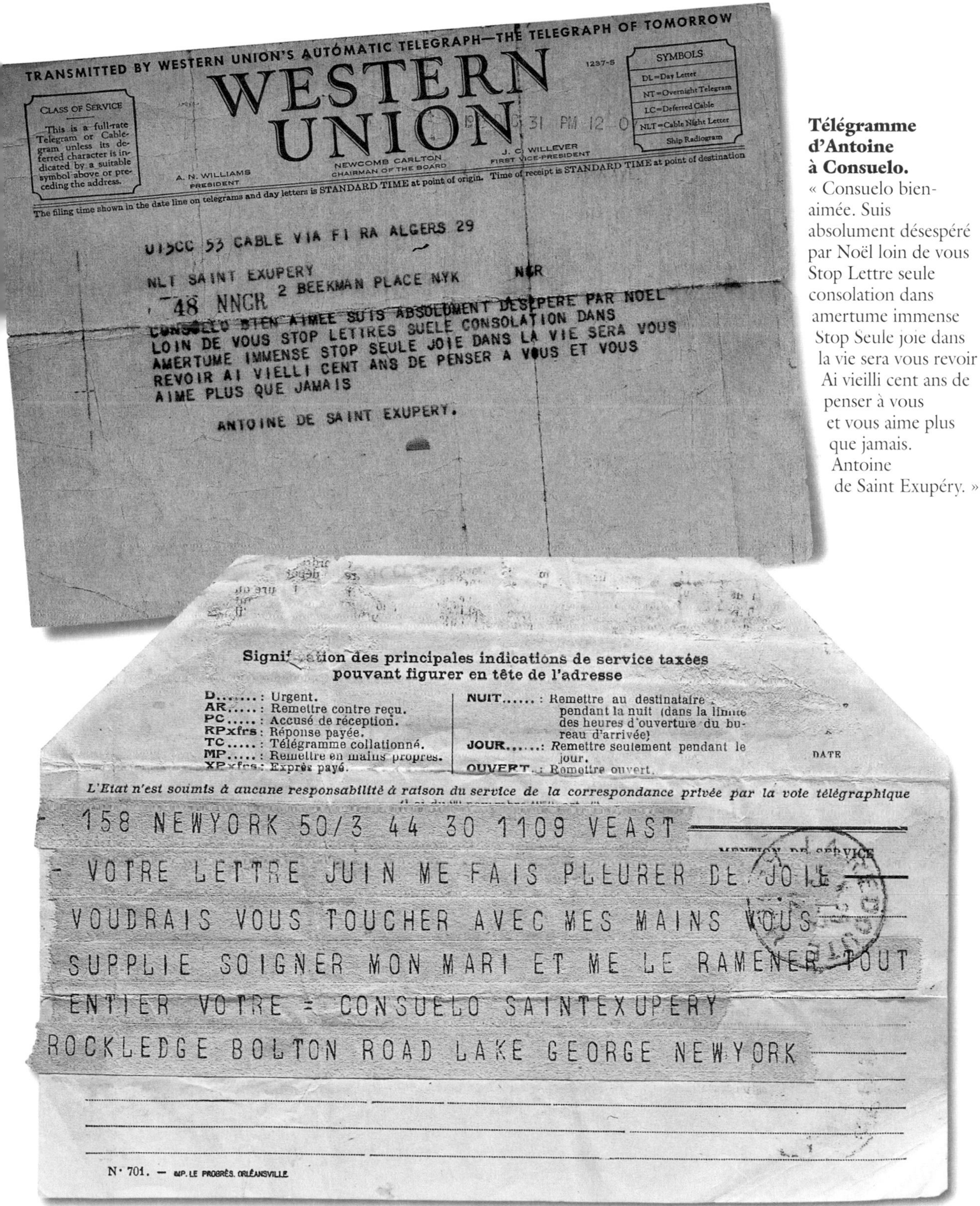

TRANSMITTED BY WESTERN UNION'S AUTOMATIC TELEGRAPH—THE TELEGRAPH OF TOMORROW

WESTERN UNION

CLASS OF SERVICE
This is a full-rate Telegram or Cablegram unless its deferred character is indicated by a suitable symbol above or preceding the address.

A. N. WILLIAMS, PRESIDENT — NEWCOMB CARLTON, CHAIRMAN OF THE BOARD — J. C. WILLEVER, FIRST VICE-PRESIDENT

SYMBOLS
DL=Day Letter
NT=Overnight Telegram
LC=Deferred Cable
NLT=Cable Night Letter
Ship Radiogram

The filing time shown in the date line on telegrams and day letters is STANDARD TIME at point of origin. Time of receipt is STANDARD TIME at point of destination

U15CC 53 CABLE VIA FI RA ALGERS 29

NLT SAINT EXUPERY 2 BEEKMAN PLACE NYK NCR

48 NNCR

CONSUELO BIEN AIMEE SUIS ABSOLUMENT DESEPERE PAR NOEL LOIN DE VOUS STOP LETTRES SUELE CONSOLATION DANS AMERTUME IMMENSE STOP SEULE JOIE DANS LA VIE SERA VOUS REVOIR AI VIELLI CENT ANS DE PENSER A VOUS ET VOUS AIME PLUS QUE JAMAIS

ANTOINE DE SAINT EXUPERY.

Télégramme d'Antoine à Consuelo.
« Consuelo bien-aimée. Suis absolument désespéré par Noël loin de vous Stop Lettre seule consolation dans amertume immense Stop Seule joie dans la vie sera vous revoir Ai vieilli cent ans de penser à vous et vous aime plus que jamais. Antoine de Saint Exupéry. »

Signification des principales indications de service taxées pouvant figurer en tête de l'adresse

D.......: Urgent.	NUIT......: Remettre au destinataire pendant la nuit (dans la limite des heures d'ouverture du bureau d'arrivée)
AR.....: Remettre contre reçu.	JOUR.......: Remettre seulement pendant le jour.
PC.....: Accusé de réception.	OUVERT..: Remettre ouvert.
RPxfrs: Réponse payée.	
TC.....: Télégramme collationné.	
MP.....: Remettre en mains propres.	
XPxfrs: Exprès payé.	

DATE

L'Etat n'est soumis à aucune responsabilité à raison du service de la correspondance privée par la voie télégraphique

158 NEWYORK 50/3 44 30 1109 VEAST

MENTION DE SERVICE

VOTRE LETTRE JUIN ME FAIS PLEURER DE JOIE VOUDRAIS VOUS TOUCHER AVEC MES MAINS VOUS SUPPLIE SOIGNER MON MARI ET ME LE RAMENER TOUT ENTIER VOTRE = CONSUELO SAINTEXUPERY ROCKLEDGE BOLTON ROAD LAKE GEORGE NEWYORK

N° 701. — IMP. LE PROGRÈS. ORLÉANSVILLE

Télégramme de Consuelo à Antoine.
« Votre lettre juin me fait pleurer de joie. Voudrais vous toucher avec mes mains.
Vous supplie soigner mon mari et me le ramener tout entier. Votre Consuelo Saint Exupéry. »

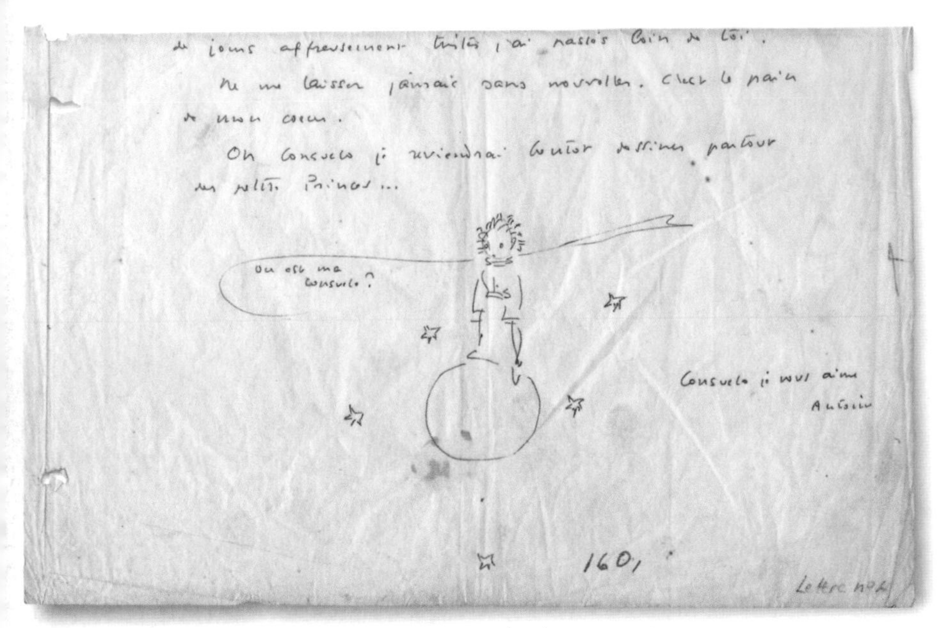

de jours affreusement tristes, j'ai passé loin de toi.
Ne me laisser jamais sans nouvelles. C'est le pain
de mon cœur.
Oh Consuelo je reviendrai bientôt dessiner partout
des petits princes…

Consuelo je vous aime
Antoine

160,

Lettre d'Antoine de Saint Exupéry à Consuelo.
Des jours affreusement tristes, j'ai passé loin de toi. Ne me laisser jamais sans nouvelles. C'est le pain de mon cœur. Oh Consuelo, je reviendrai bientôt dessiner partout des petits princes… Consuelo, je vous aime. Antoine. »

blagues… Le soir, seul, il essaie de résoudre des problèmes de mathématiques, prend des notes. Mais il s'effondre aussi en lamentations désespérées. Il ne veut pas accabler Consuelo de ses problèmes, aussi est-ce vers Nelly de Vogüé qu'il revient pour lui confier sa peine. Il la sait plus forte et sûrement plus virile que « la petite Pimprenelle » ; à elle, il confiera le plus juste constat de son état présent : « Je n'en peux plus ! » lui avoue-t-il.

La nuit du 30 au 31 juillet, il ne dort presque pas, va dîner au restaurant des Sablettes, à Miomo, amuse les clients une bonne partie de la nuit par ses tours de passe-passe, puis fréquente des bars à soldats à Bastia et prend son service très tôt le matin à Borgo. Il prend son petit déjeuner avec le lieutenant Briaud qui sera la dernière personne, avec Gavoille, avec laquelle il s'entretiendra. Il est, selon les dires du jeune officier, en forme et heureux de partir.

Son corps, pourtant, lui fait mal de toutes parts. Il se dit « démoli », mais il s'enfonce quand même dans le cockpit comme dans un cercueil. La journée est très claire, il n'y aura aucun souci météorologique. De toute façon il en a vu d'autres, et, à 8 h 45, il part confiant. À 10 h 30, le radio au sol perd sa trace. À 13 heures, il n'est pas rentré. À 14 h 30, il est porté manquant. Le commandant Antoine de Saint Exupéry est « *presumed lost* ».

« Je fais la guerre le plus profondément possible. Je suis certes le doyen des pilotes de guerre du monde [...] Si je suis descendu, je ne regretterai absolument rien. La termitière future m'épouvante. »

Antoine

Tonnio,

Le 22 février 1944

Tonnio, mon poisson volant, mon papillon unique, mon amour, ma boîte magique !
Votre dernière lettre, je l'ai déjà apprise par cœur. Il m'en faudrait bien d'autres pour adoucir mes longues journées d'attente, d'inquiétude.
Malgré mes efforts de travail, je me demande au milieu du tableau que je suis en train de faire, à quoi bon, pour qui cette peinture, qui peut-être n'est même pas belle.
J'ai trouvé un moyen de tricher avec mes angoisses. Je parle avec votre portrait qui est en face de moi. Il a un mètre carré. Vos yeux sont des lacs profonds, je peux rentrer ma main dans votre bouche, pourtant

le 22 fevrier 1944

Tonnio ; mon poison volant, mon papillon unique,
mon amour, ma boite magique ;

Votre dernière lettre, je l'ai déjà apprise par coeur. Il me faudrait bien une autre pour adoucir mes longues journées d'attente, d'inquiétude.

Malgré mes efforts de travail, je me demande au milieu d'un grand tableau que je suis en train de faire, à quoi bon, pour qui cette peinture, qui peut-être n'est même pas belle. J'ai trouvé un moyen de tricher mes angoisses.

Je parle avec votre portrait qui est en face de moi. Il a un mètre carré. Vos yeux sont des lacs profonds, je peux rentrer ma main dans votre bouche, pourtant elle est si petite en comparaison avec celle du tableau.

Je me rappelle ton sourire, et je crois que c'est bien l'enchantement de ton rire qui m'a fait ton épouse pour la vie. Personne ne sait rire comme toi. Je sais que ce n'est pas un rire comme les autres rires, tu sais bien ce que je veux dire. Pour moi c'est une grâce, c'est une façon de dire merci aux jolies choses de cette terre. C'est comme le fruit mur de l'arbre. Ton sourire embaume mon coeur et si j'étais un mage je te mettrais toujours en état de grâce pour que ce rythme de ta petite bouche soit éternel.

Depuis un mois, je n'ai point reçu de tes nouvelles, et un peu plus même. Je me rappelle que c'était la première semaine de janvier que j'ai reçu le grand cadeau de ta longue lettre où sont les pensées pour Consuelo, les portraits de Consuelo, la prière pour Consuelo, l'amour pour Consuelo.

Mais je dois me prendre la tête à deux mains, les nuits, les jours, les heures vides, les heures tumultueuses pour me convaincre que tu existes quelque part réellement et qu'un jour tu viendras près de moi me toucher de tes mains, pour effacer mes rides, mes craintes, peut-être, pour guerir ma folie. Sache bien que je passerai ma vie à t'attendre, même quand je n'aurai plus de mémoire.

Je suis bien tes conseils, mon Mari. Je me soigne, je me conseille sagement, je veux croire à notre paix, à notre bonheur pour le reste de nos jours. Mais quand je suis sans nouvelles de toi, mon squelette tremble de doute et je deviens pâle, fébrile, je ne peux plus peindre, rien ne m'intéresse sur la terre. Je suis toute neuve.

Consuelo. As tu reçu une photo de moi ? envoie moi une de toi.

elle est si petite en comparaison de celle du tableau. Je me rappelle ton sourire, et je crois que c'est bien l'enchantement de ton rire qui m'a fait ton épouse pour la vie. Personne ne sait rire comme toi. Je sais que ce n'est pas un rire comme les autres rires, tu sais bien ce que je veux dire. Pour moi c'est une grâce, une façon de dire merci aux jolies choses de cette terre. C'est comme le fruit de l'arbre. Ton sourire embaume mon cœur et si j'étais un mage je le mettrais toujours pour que le rythme de ta petite bouche soit éternel. Depuis un mois, je n'ai point reçu de tes nouvelles. Et un peu plus même. Je me rappelle que c'était la première semaine de janvier que j'ai reçu le grand cadeau de ta longue lettre où sont les pensées pour Consuelo, les portraits de Consuelo, la prière pour Consuelo, l'amour pour Consuelo. Mais je dois me prendre la tête à deux mains, les nuits, les jours, les heures vides, les heures tumultueuses pour me convaincre que tu existes quelque part réellement et qu'un jour tu viendras me toucher de tes mains, pour effacer mes rides, mes craintes, peut-être guérir ma folie. Sache bien que je passerai ma vie à t'attendre, même quand je n'aurai plus de mémoire. Je suis bien tes conseils, mon Mari. Je me soigne, je me conseille sagement, je veux croire à notre paix, à notre bonheur pour le reste de nos jours. Mais je suis sans nouvelles de toi, mon squelette tremble de doute, je deviens pâle, fébrile, je ne peux plus peindre. Rien ne m'intéresse sur la terre. Je suis toute neuve.

Consuelo

As-tu reçu une photo de moi ? Envoie-m'en une de toi.

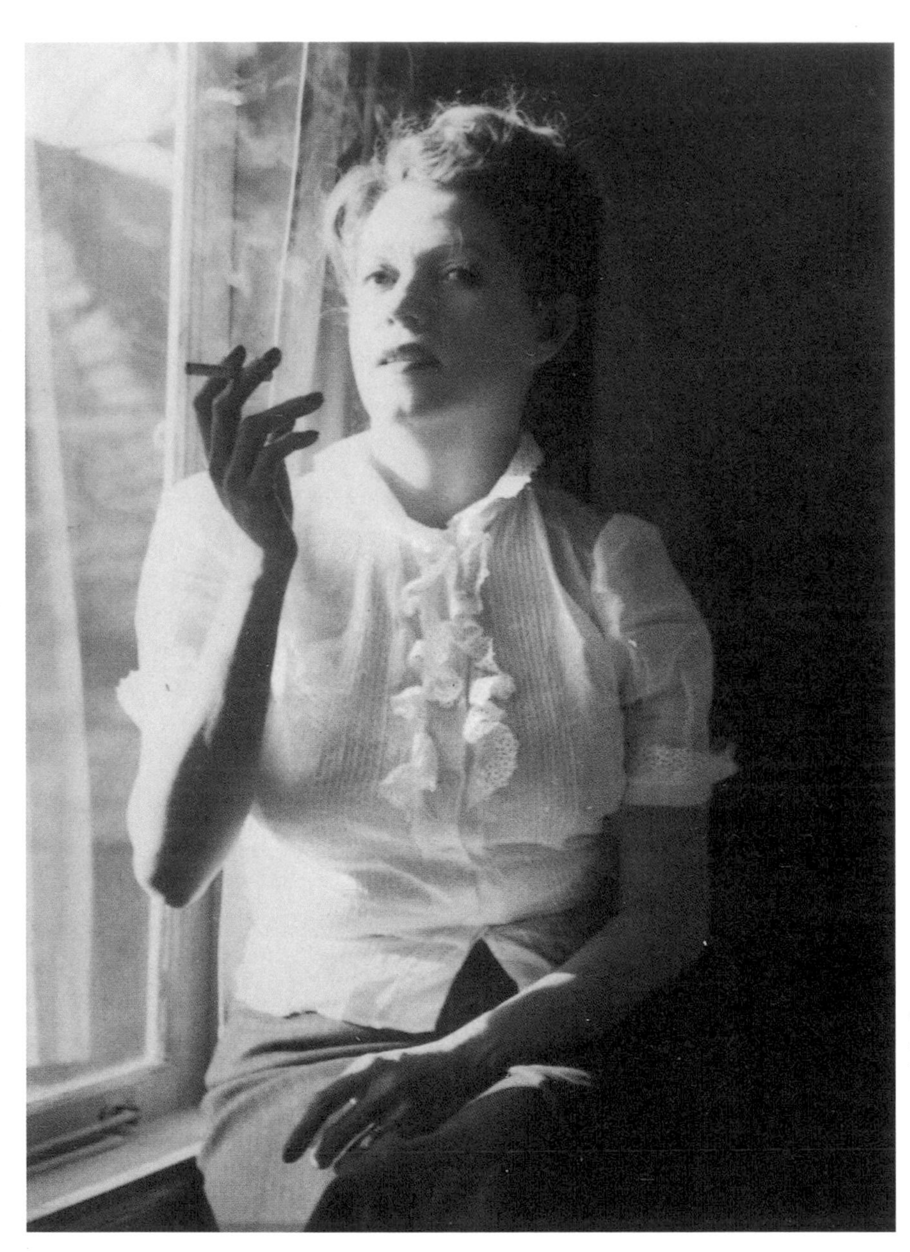

Consuelo à New York.

On prétend qu'il devait être mis le lendemain au courant du débarquement des forces alliées en raison des risques qu'il prenait : une manière de le protéger, en quelque sorte.

À New York, Consuelo est encore sans nouvelles de lui. Elle n'en a pas reçu depuis plus d'un mois déjà. Elle continue pourtant obstinément à lui écrire des lettres qu'elle ne lui envoie pas et qu'elle compte bien lui lire à son retour. Des lettres qui la rassurent. « Sache bien que je passerai ma vie à t'attendre, même quand je serai vieille et que je n'aurai plus de mémoire », lui dit-elle.

Depuis déjà plusieurs mois, elle a pressenti son deuil.

Antoine de Saint Exupéry à Alghero.

« Merci de m'avoir dit tout simplement cette phrase que je n'oublierai jamais : "Merci d'avoir tenu à moi comme un petit crabe bien têtu." Vous perdre et j'en mourrai. »

Consuelo

« Je ne peux pas croire que tu ne reviendras plus, c'est pour cela que je reste à New York, dans cette ville de fer. »

Consuelo

Vivre sans Saint Exupéry

La disparition de Saint Exupéry désoriente Consuelo parce qu'elle est toujours restée convaincue que son mari était invincible, qu'il n'était pas possible qu'il soit mort. Elle se raccroche désespérément à ses promesses : « Mon petit poussin, ma Pimprenelle, mon jardin, ma tour d'ivoire, vous m'attendrez toujours, même si un jour on vous dit que je suis perdu. Ce ne sera pas vrai. Même si devais être perdu dans le désert, dans le Sahara, je boirais encore l'eau de vos yeux comme un poète disait qu'il boirait les yeux d'eau de sa femme pour boire en prison. Alors, soyez tranquille, je reviendrai toujours. » Elle l'attend donc, éperdument, d'autant plus confiante que le gouvernement français se réserve un délai de plusieurs mois pour annoncer officiellement sa mort. Elle ne prête pas davantage attention aux rumeurs qui circulent au sujet de sa disparition : suicide ou, pire encore, désertion. Certains, mal intentionnés, prétendent qu'après la guerre on le retrouvera en Lybie ou ailleurs. Consuelo préfère dire qu'il a rejoint le Petit Prince dans les étoiles ou bien encore « un monastère d'une quelconque planète » d'où il lui fera bientôt signe, « et je plierai aussitôt bagage pour te rejoindre »...

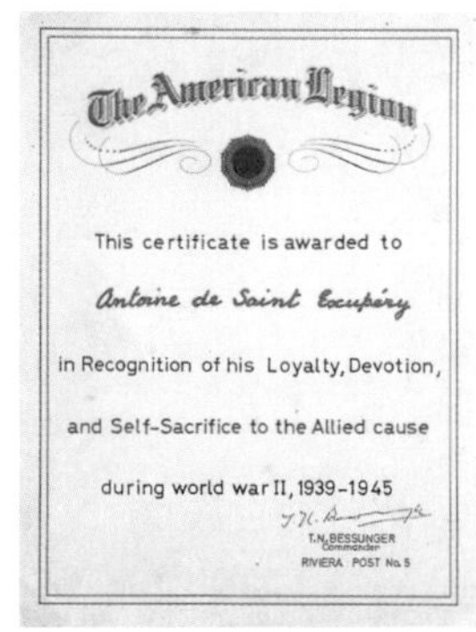
The American Legion

This certificate is awarded to

Antoine de Saint Exupéry

in Recognition of his Loyalty, Devotion,

and Self-Sacrifice to the Allied cause

during world war II, 1939-1945

T.N. BESSUNGER
Commander
RIVIERA POST No. 5

Hommage de l'American Region à Antoine de Saint Exupéry.

« Consuelo, merci d'être ma femme. Si je suis blessé j'aurai qui me soignera, si je suis tué j'aurai qui attendre dans l'éternité, si je reviens j'aurai vers qui revenir. »

Antoine, lettre à Consuelo

Comme ses droits d'auteur sont bloqués chez Gallimard, elle est obligée de se séparer de l'appartement de Beekman Place qu'ils avaient loué à Greta Garbo. Elle vit désormais d'abord dans un meublé puis dans un petit atelier d'artiste au loyer plus modeste, Lexington Avenue, près des grands magasins Bloominsdale's, où elle a trouvé un emploi de maquettiste de vitrine. Elle s'adonne plus que jamais à la peinture, à la sculpture aussi, modelant des bustes. La petite communauté d'exilés se prépare à rentrer en France ; elle entretient avec eux peu de rapports. Son caractère

Gants d'aviateur de Saint Exupéry.

Portefeuille d'Antoine de Saint Exupéry, avec la photo de son mariage qu'il gardait toujours avec lui.

entier voit trop bien les perfidies et les lâchetés, les abandons et les trahisons, les calomnies dont souvent Saint Exupéry fut victime de la part de certains gaullistes : « Ils sont ravis de t'avoir vu partir, écrit-elle dans ses notes intimes, ça les excite de consommer champagne et caviar qu'ils ont mis de côté à New York, en lieu sûr... » La cour qui tournait tout le temps autour d'eux s'est évaporée. Consuelo est presque seule. Quelques amis cependant la soutiennent dans son épreuve – Denis de Rougemont, qui voudrait bien se poser en exécuteur testamentaire de Saint Exupéry, Roberto et Victoria, leurs amis de Richfield, Pita Benèche, collectionneuse de tableaux et propriétaire d'une galerie célèbre de New York, Giorgio de Santillana, professeur à Harvard –, mais Consuelo s'enferme dans sa solitude et son amour.

Plus que jamais il devient une légende dont elle se sent dépositaire. Avec Annibal, le bouledogue mastiff qu'il aimait tant, elle vit retirée, parachevant son récit *Oppède*, que l'éditeur américain

« Ma vie fut un immense vertige. Maintenant j'ai les cheveux gris, j'ai tellement de larmes dans ma bouche que cela me suffirait à boire toute ma vie. Pourquoi, Tonnio, mon Tonnio, mon mari, mon mal, mon ciel, mon enfer, es-tu parti pour ne plus revenir ? Pas de nouvelles de toi et l'année va finir. Il faut que je l'accepte, et si je l'accepte c'est pour t'aimer davantage. Comme je t'aurais aimé si tu étais revenu ! »

Consuelo

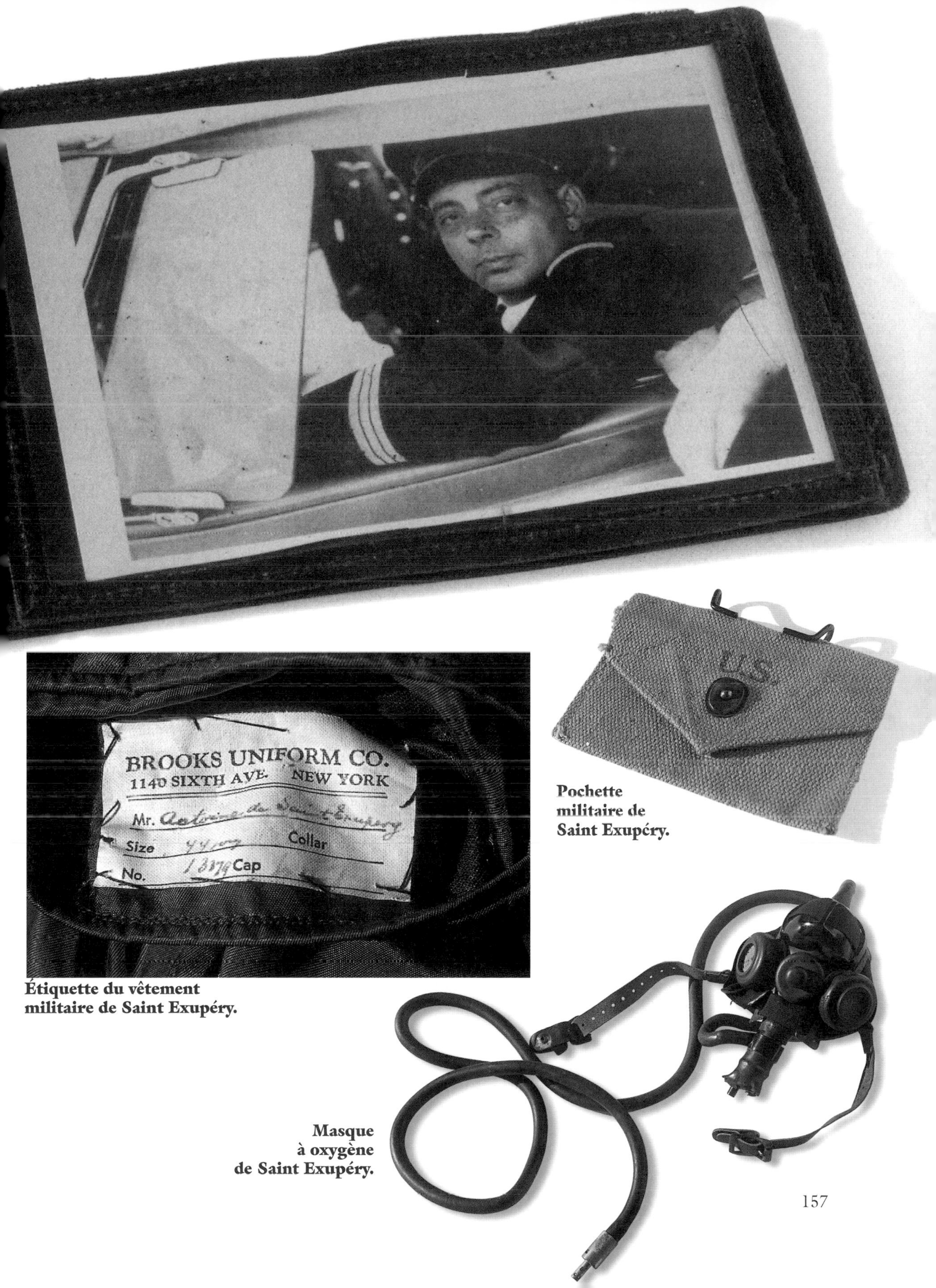

Étiquette du vêtement militaire de Saint Exupéry.

Pochette militaire de Saint Exupéry.

Masque à oxygène de Saint Exupéry.

Random House publiera en 1946, mettant de l'ordre dans les papiers de Saint Exupéry, continuant à lui écrire, contre toute évidence. Sa foi chrétienne, fortifiée par ses origines sud-américaines, s'amplifie. Comme Saint Exupéry, dont l'œuvre, après *Vol de nuit*, s'était teintée de la quête essentielle de Dieu, elle revient vers lui pour l'implorer et le supplier de lui rendre son mari : « Seigneur grand et miséricordieux, je te donne ma peine, et ma douleur. Mon Père, aide-moi. Je n'ai personne pour aimer, pour attendre, pour embrasser. Ma maison est devenue petite, seule ma fenêtre reste ouverte pour faire entrer le ciel où il est parti en s'envolant pour ne pas revenir. Rendez-le-moi, mon Père, je vous en prie, faites un miracle. Si vous me le rendez dans sa tendresse, je le coifferai, je le laverai, je l'embrasserai et ensemble, nous irons jusqu'à vous. »

Le retour improbable de Saint Exupéry devient une obsession. Pas une de ses pages extraites de ses écrits intimes qui n'évoque le grand disparu. Elle lui écrit des lettres fictives, entretient un vrai dialogue avec lui, l'interpelle, lui demande des conseils de vie : « Je ne peux pas croire que tu ne reviendras plus, c'est pour cela que je reste à New York, dans cette ville de fer », écrit-elle en décembre 1944. Elle se démène dans toutes les administrations, écrit jusqu'au Vatican pour tenter d'en savoir davantage sur les circonstances du 31 juillet. Elle croit aux forces de « l'invisible », au langage secret des amants mythiques qui s'échange par-delà les siècles et les continents, elle croit aux influences des astres, aux flux magiques, à tout ce qui peut aider à la faire entrer en contact avec Antoine. Elle écrit aussi des nouvelles – qui ne seront pas publiées ; sa santé chancelle quelque peu, et elle est soignéegrâce à l'amabilit d'un méde cin de famille qui fait grâce de ses honoraires :«Je ne sais comment je vais pouvoir continuer à vivre si ton éditeur ne m'aide pas. Je n'ai droit à rien. »

Tant que l'arrêté officiel de la mort de Saint Exupéry n'est pas prononcé, Consuelo ne peut prétendre à rien. Ce n'est qu'après qu'elle deviendra, en tant que veuve légitime, l'héritière plénière de son mari. Mais, pour l'heure, elle tente de survivre avec sa

« Le pilote s'habille. Chandails, foulards, combinaison de cuir, bottes fourrées. Son corps endormi pèse. On l'interpelle : « Allons ! Pressons... » Les mains encombrées de sa montre, de son altimètre, de son porte-cartes, les doigts gourds sous les gants épais, il se hisse, lourd et maladroit, jusqu'au poste de pilotage. Scaphandrier hors de son élément. Mais une fois en place, tout s'allège. »

Antoine

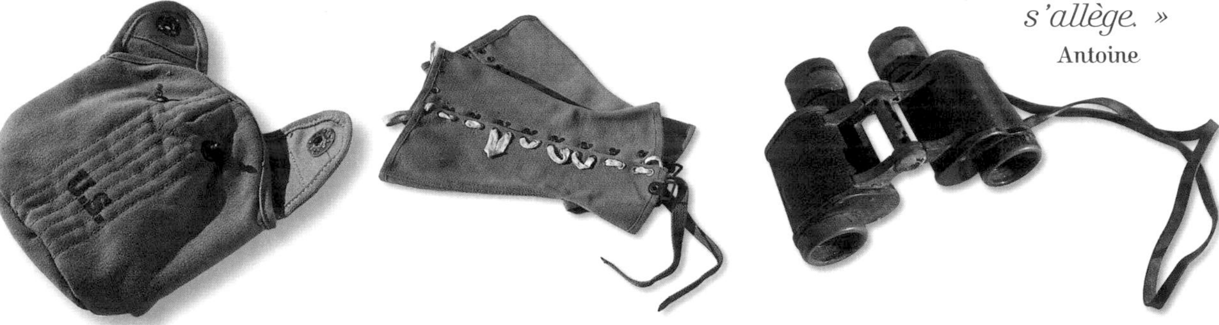

Toile peinte par Consuelo vers 1942.

LES AMIS

Une foule de bras l'enserraient
François, la petite Madeleine,
~~et~~ Moisi, la fileuse de laine,
Yuti, le petit chien chinois,
que l'on disait fils de roi,
Bar~~q~~kue, l'esclave libéré,
qui chaussa d'argent tréfilé
tous les enfants de Marakech
et ~~[illegible]~~ Lors mourut de mâle deche

et Tous les pilotes d'Afrique
~~les pilotes de l'âge héroïque~~ :
ceux de Dakar et de Saint-Louis,
et d'Agadir et de Jubi/ ,
et les pilotes d'Amérique
qui s'accoudaient ~~aux~~ fontaines
~~de~~ Pont Arénas, forçaient la chaîne
des Andes, ~~et~~ leurs sommets
rendaient Mermoz et Guillaumet.

Poème écrit par Consuelo en hommage aux pilotes de l'Aéropostale.

peinture. Elle vend de fait quelques tableaux ; sa peinture est nourrie des grands flux colorés de son pays natal, de son exubérance, de sa fantaisie. Dalí et Picasso, qui l'avaient encouragée dans son travail, lui avaient toujours conseillé de se laisser porter par son instinct volcanique, par la force des couleurs. Elle suit leurs conseils : ses toiles sont vives, mais aussi souvent d'une gaieté sourde, les rouges et les verts flamboient, mais les feux y sont comme condensés, retenus, prêts à exploser. Son pinceau est lyrique, comme elle, comme sa ferveur populaire qui n'hésite pas à se souvenir de celle des paysans de son Salvador.

L'amour qu'elle porte à Saint Exupéry prend une autre tournure : entre eux s'installe désormais une sorte d'éternité. Le temps fait lentement son travail, non pas d'oubli mais de vérité et de décantation. Toute l'amertume, toutes les incompatibilités qui ont jalonné leur existence ont disparu pour laisser place à quelque chose de plus apaisé. L'absence idéalise leur relation, Consuelo ne veut se souvenir que de leurs moments de bonheur et l'histoire devient, au fil des années, mythique et souveraine. Elle défend bec et ongles la réputation de Saint-Exupéry, souvent mise à mal après la guerre par certains résistants et par la "nouvelle vague" intellectuelle : Sartre, Aragon, Breton, Beauvoir, pourtant tous à l'abri pendant la guerre, ne se privent pas pour affaiblir l'influence littéraire de Saint Exupéry, le ranger, comme Giono, Giraudoux ou Maurois, dans le rayon des écrivains du passé… Consuelo essaie de faire face, mais n'a pas assez de force pour réagir.

« Notre amour est indéfinissable, écrit-elle en 1946, à Paris. Je suis seule sans toi… Je caresse mes têtes de plâtre que j'ai faites de toi, et cela me suffit. » Elle rapporte de New York dans de vastes malles- cabines, déposées dans les cales du transatlantique qui revenait en France, toute la vie que Saint Exupéry avait lui-même emportée en exil : objets de son enfance, souvenirs de toutes sortes, petits papiers, courriers, vêtements, objets familiers, livres, photographies, films d'amateurs, le fameux dictaphone acheté pour qu'il raconte ses Mémoires, aquarelles du *Petit Prince*, brouillons de manuscrits, etc. Toute une vie qui devenait comme la mémoire de Saint Exupéry, le témoin de leur histoire, et qui, feuilletés, touchés, lus et relus, étaient le seul dialogue qui restait avec lui.

On la voit inaugurer à côté de la mère d'Antoine et de sa sœur Simone expositions, lycées et collèges, musées et édifices publics portant désormais le nom de Saint Exupéry, affichant une certaine sérénité, sûre de cet amour indestructible qui la relie à celui qu'elle aime appeler « Tonnio ». Les brèves pulsions suicidaires qui s'étaient emparées d'elle après l'annonce de la mort de Saint Exupéry s'atténuent peu à peu.

« Je n'ai personne pour aimer, pour attendre, pour embrasser. Ma maison est devenue petite, seule ma fenêtre reste ouverte pour faire entrer le ciel où il est parti en s'envolant pour ne pas revenir. »

Consuelo

Dessins de Consuelo.

« *Je me sens rejetée comme un objet perdu.* »
Consuelo

307-D1 01

New York 4 Septembre

Mon enfant chérie,

Je ne crois pas un mot de l'histoire attribuée à Valiquette.
Je trouve ta petite lettre brumeuse et cafardeuse , ce matin. Je suis rentré cette nuit de North Sanbornton , où j'étais allé passer 4 jours à la ferme de mon ami Fourel. J'étais bien écartelé entre mon désir d'aller passer quelques moments avec toi et celui de ne pas faillir à des amis fidèles chez qui j'avais passé mes vacances chaque année depuis 1941. Rien ne m'attriste autant que la muflerie, et , maintenant que je sais que je passerai toutes mes vacances en France, je n'aurais pour rien au monde laché mes amis pour le dernier été. Il a fait beau, il a plu, il y a eu un orage d'une étonnante beauté, et hier il faisait froid. Un vrai froid sous un clair soleil.

Il fallait que j'aie une lettre de toi aujourd'hui. J'ai pensé au Tonio et à toi , pendant ces quelques jours, plus que jamais. C'est là-bas , l'an dernier, que la nouvelle désastreuse m'avait atteint. Pourtant, au moment où les journaux l'ont donnée, je n'y ai certes pas crû. Mon espoir a duré autant que le tien . Vendredi dernier, devant la cheminée où brillait un grand feu, j'ai parlé de lui,pendant des heures , à mes amis Fourel, qui sont de ceux qui savent qu'il avait du génie.

Je verrai Gaston. Je lui dirai ce que je pense et ce que je sais. Je n'ai jamais forcé la vérité lorsque je t'ai parlé de ce que je savais, pour l'avoir vu ou entendu de lui, des sentiments de Tonio pour toi. Il disait "Ma femme" comme un paysan dit "ma terre", avec un ton de possession qui ne se joue pas. Je l'ai vu terrifié à l'idée qu'il pouvait te perdre,lorsque tu délirais après que le nègre t'eût aux trois quarts tuée. Et le dernier message dont il m'ait chargé, c'était d'aller te dire qu'il t'aimait.

Que Paris et sa racaille mondaine déclare maintenant que tu n'étais rien

307.01.02

s que ce ne devrait te toucher,toi.
out. Je ne suis pas homme de loi,
tes droits de femme légitime.
ue, on avait escroqué une signature
r te défendre. Je n'ai pas besoin
je dirai ce que je sais, tout ce
nal et n'importe quelle personne.
s accepté la clef que Tonio voulait
us sommes aujourd'hui, de ses soi-
réoccupation le concernant, la dé-
pecter sa pensée pour ce qui est du

aussi ce que je veux qu'il sache.
'est fermer l'oreille qui te reste
le que si j'étais toi, j'interdirais
étueuse a [illegible] des heures brûlantes

Je pense que je serai encore ici lorsque tu rentreras. J'ai mes permis français, aller et retour, mais pas encore le reentry permit américain.

Je t'embrasse, femme de Tonio, de tout mon coeur.

André Rouchaud

Lettre d'André Rouchaud, ami du couple, à Consuelo, datée du 4 septembre 1944.
(Transcription en fin de volume)

LE PERE DES ROSES

Notre pere, vous qui etes dans tous les jardins. Faites que les roses envoyent leur parfum pour guider sur cette terre noire des canons les pas de nos soldats jardiniers jusqu'a leurs maisons.

Je te prie, S eigneur: Pere des Roses: aidez les a ecouter nos coeurs jusque a nous retrouver dans tous vos jardins. — !

Ainsi soit-il, amen... — —

LA ROSE DU PETIT PRINCE

Prière écrite par Consuelo. (Transcription en fin de volume)

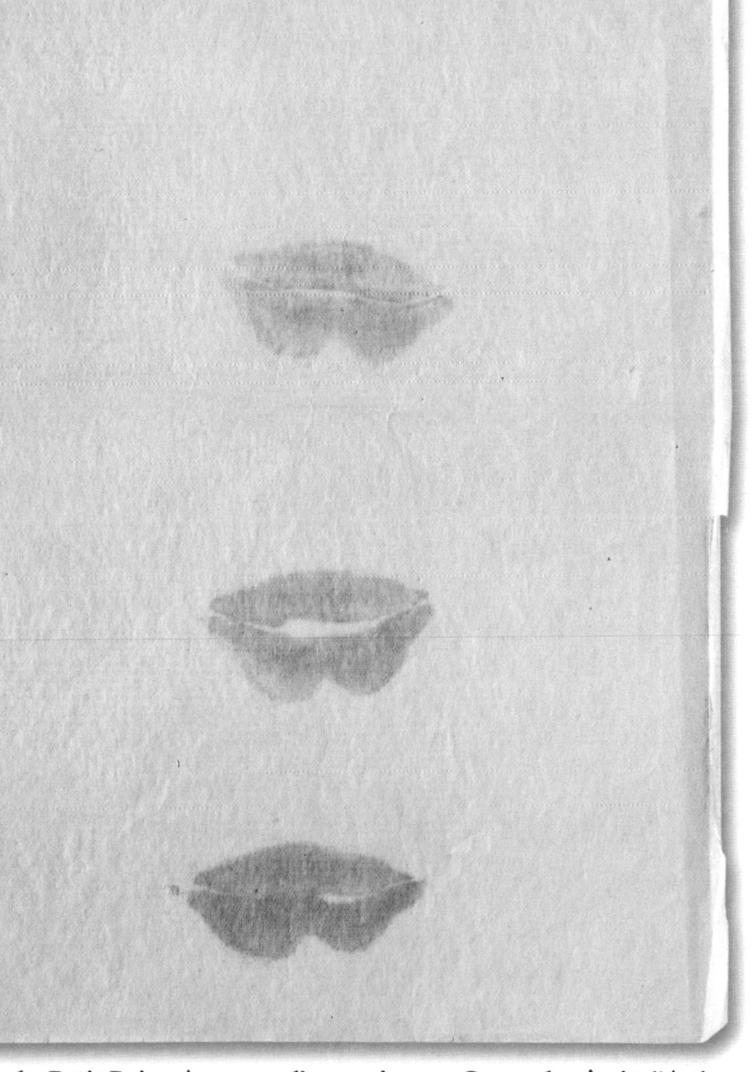

III

I would like to write myself the complete dialogue between the pilot and the "Petit Prince", to be able to introduce three new designs from my husband, Antoine de Saint-Exupery, as well as three new adventures of the "Petit Prince", I am the only one to know, because myhusband did not include them in the book.

Of course, if you are interested, I shall ask for a new proposition for these three designs with inedites stories and dialogues.

Projet de lettre à l'éditeur américain du *Petit Prince* à propos d'une suite que Consuelo rêvait d'écrire en accompagnement des aquarelles inédites en sa possession. (Transcription et traduction en fin de volume)

Dans ses *Lettres du dimanche*, que Saint Exupéry n'aura pu lire, elle écrit encore à Paris, en 1946 : « Je commence à mettre un peu d'ordre dans mes affaires. Il se peut qu'alors, avec ma petite valise, je décide de quitter cette Terre pour me rendre dans votre palmeraie… » Mais la vie est cependant plus forte : elle travaille à retrouver ses énergies et ses forces.

Elle prétend que sa belle-famille, jamais, ne pourra comprendre le caractère unique de cet amour qui la relie à Saint Exupéry. C'est cette liberté totale, cette sensibilité de qui n'a pas quitté l'enfance, cette foi dans les choses simples, manuelles et terriennes qui les réunissent. Elle revient régulièrement sur cette exclusion dont elle se sent victime. « Croyez-vous, dira-t-elle tout de go à la mère d'Antoine, que votre fils serait content de savoir que dans les quatre

Consuelo devant l'un des bustes d'Antoine de Saint Exupéry qu'elle a sculptés au cours des années 1950.

Les malles-cabines de New York

Texte écrit par Consuelo pour la revue *Icare*, à laquelle elle confia un certain nombre de documents inédits pour des numéros spéciaux.

« Je n'ouvre jamais sans trembler ces coffrets et ces dossiers où s'entassent les lettres, les câbles et les dessins de mon mari. Ces messages chargés de tendresses vivantes et de secrets révolus ont l'odeur tragique et merveilleuse du passé. Ces feuillets jaunis, étoilés de hautes fleurs et de petits princes, sont les témoins fidèles de ce bonheur aboli dont je mesure un peu plus fort chaque année les grâces et les privilèges. Antoine était le seul homme au monde capable d'imprégner un télégramme d'un courant magnétique de lyrisme personnel. Ces signes et ces lettres collés entre leurs papiers bleus anonymes parlaient avec sa voix. J'y retrouve encore aujourd'hui les caresses, les éclats et les inflexions de cette voix qui savait allier comme personne les secrètes magies de l'enfance aux grands rêves ailés des hommes. »

Consuelo de Saint Exupéry

Vêtements et malles d'Antoine de Saint Exupéry.

derniers livres que l'on a publiés à son sujet on ait effacé ou caché qu'il était marié, qu'il m'a aimée, qu'il a vaincu toutes les tentations et qu'il a même écrit une prière pour mon veuvage ? » Malgré ses tentatives, l'occultation qui est déjà en marche s'affirme et s'accroît jusqu'à son exclusion définitive. Peu à peu, Consuelo voit son rôle s'amoindrir. La première biographie de Saint Exupéry est publiée par Gallimard en 1949. Son auteur se nomme Pierre Chevrier, alias… Nelly de Vogüé. En trois lignes, l'auteur signale que Saint Exupéry s'est marié à Consuelo Suncin en 1931…

« Je commence à travailler, je dicte un peu, mais difficilement, mâchant et remâchant ce qui sera peut-être un livre plus tard. »

Consuelo

Ailleurs encore, Nelly déclare que Consuelo fut « l'oiseau de proie » de Saint Exupéry. Elle donne ainsi le ton à une campagne sinon calomnieuse, du moins dépréciative. Ici ou là, sa personne continue d'être ternie, elle est présentée comme volage et superficielle, un obstacle à la carrière littéraire et professionnelle de Saint Exupéry ; on prétend qu'elle fut pour lui un poids et un souci constant. Depuis la disparition de Saint Exupéry, le mythe continue à se consolider. L'auteur du *Petit Prince* est angélisé, idéalisé. Consuelo est quasiment effacée de toutes les biographies ou, si elle y est citée en quelques mots, c'est pour dénoncer son rôle futile et inconsistant dans la vie et l'œuvre de l'écrivain, à peine celui d'une égérie, de sorte que peu de ses lecteurs ne peuvent imaginer qu'il eut une femme qui fut sa muse, son « enfant terrible », sa passion absolue, sa « femme devant Dieu ».

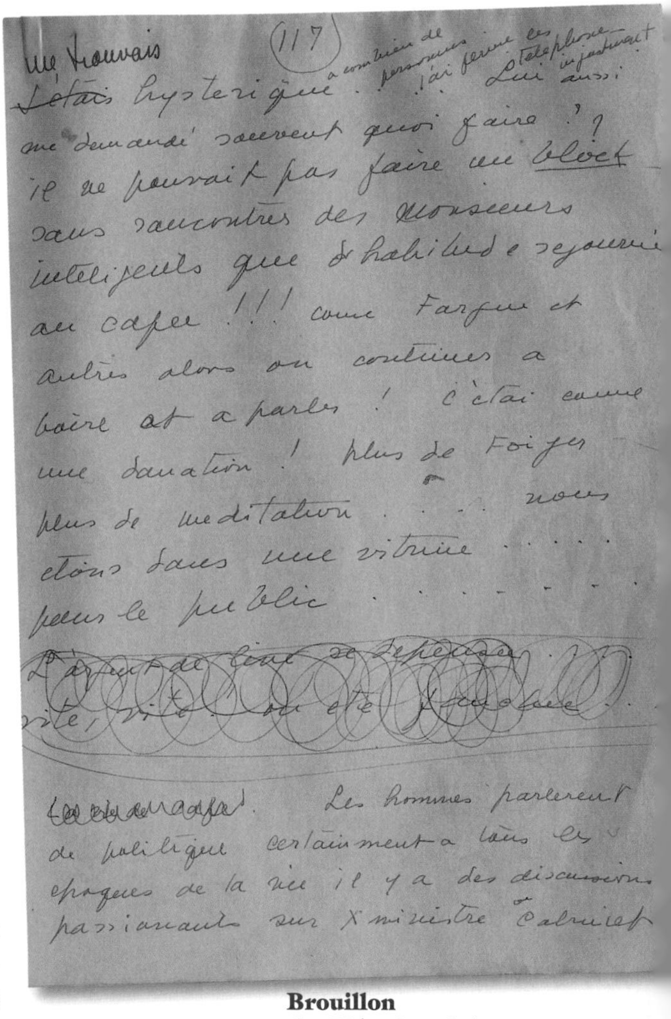
(117)
me trouvais
J'étais hystérique. a combien de personnes j'ai fermé les téléphone Lui injustement aussi
me demandé souvent quoi faire ? ?
il ne pouvait pas faire un block
sans rencontres des Monsieurs
inteligents que s'habilled e rejouissent
au cafee !!! comme Fargue et
autres alors on continues a
boire et a parler ! c'était comme
une danation ! plus de Foi jes
plus de meditation . . . nous
étions dans une vitrine . . .
pour le public . . .
Les hommes parleront
de politique certainement a tous les
epoques de la vie il y a des discussions
passionants sur X ministre ou Cabinet

Brouillon des *Mémoires de la rose.*

Les années 1960 et jusqu'à sa mort la voient toujours présente dans la réverbération de Saint Exupéry. Elle inaugure l'Exposition universelle de Montréal en 1967, dédiée à l'écrivain et appelée *Terre des hommes*. Elle voyage beaucoup, dans le monde, mais, plus que tout, préfère Paris et la Côte d'Azur, découverte avec Gomez Carrillo avant sa rencontre avec Antoine. Elle s'est acheté un mas sur les hauteurs de Grasse où, de plus en plus, elle aime à se retirer pour peindre et sculpter. Ses sources d'inspiration sont la mémoire de Saint Exupéry et son imaginaire lyrique et coloré. Elle expose et jouit d'une bonne cote. Elle aime dessiner à son tour des Petits Princes, ils lui ressemblent comme ceux qu'elle avait dessinés bien avant la publication du conte et qui peut-être, inspirèrent Saint Exupéry.

Période Les Martigues avant d'aller au Maroc...
demander date à Rodez. Mégève

1° Rencontre – grand conversation vers l'aérodrome. vol sur Buenos Aires. Premier nuit – Viol. Absence

2° Revolution. Irigoyen tombe – Contrarevolution. Les hotels, danger, feu. Il me demenage.

3° Lettre d'amour. partie "de vol de nuit" Crémieux me parle de son talent d'écrivain, et me conseille d'accepter ses propositions. lecture pub de sa lettre

4° Fiançailles. enthousiasme. scène au terrain du pilote renvoyé. premier angoisse. leçons d'allemand moeurs des argentins. je m'inquiète. Les amis de mon premier mari se fâchent.

5. Dans la chambre des enfants terribles, je souffre le retard de notre invitée au mariage. "sa mère"? A la mairie il pleure. je renonce à l'épouser, je décide subitement de revenir à L... Joie!

6 sa mère au fin a pris le bateau! mais je pars pour Paris. Il ne le crois pas. il est calme, "maman arrivera bientot." s'embarque – les amis de Enrique me donnent des fleurs et du courage!

7 A Paris 10 rue de Castellane. Lurien m'attend, il est fâché mais en parlant. il commence à comprendre des explications. mon chien manque...
La secrétaire été...

Plan des *Mémoires de la rose*, que Consuelo appelait les « Mille et Une Vies de Saint Exupéry ».

Elle sculpte beaucoup de bustes de lui, en bronze, en argile, disant que c'est une manière pour elle de le toucher, de le caresser, de l'embrasser. Sa santé lentement se délabre. Elle souffre d'emphysème, d'asthme. La Côte d'Azur l'apaise un peu, c'est pourquoi elle s'y rend de plus en plus souvent. La rumeur du temps et des modes la fatiguent désormais. À la manière de Saint Exupéry, elle écrit : « Je n'appartiens plus, malgré mes masques, à cette civilisation… Je veux le silence des sables et du ciel afin de mériter l'éternité. »

Comme elle continue à être toujours une conteuse hors pair, elle est souvent sollicitée par les radios. Jacques Chancel lui consacre une « Radioscopie ». On la voit toujours aussi élégante, habillée par les couturiers et les fourreurs, voyageant à vie aux frais d'Air France. Quand un rosiériste célèbre lui dédie une rose, mauve, elle reçoit cet hommage avec humour, se plaisant à dire qu'à présent celle qui avait été jadis la rose du Petit Prince a plus d'épines que de doux pétales, que ses doigts sont déformés par la vieillesse. Elle envisage même d'écrire une suite au *Petit Prince*, ayant conservé pieusement les dessins originaux de Saint Exupéry que ses éditeurs américains n'avaient pas retenus.

Elle meurt emportée par une crise d'asthme, en 1979, à Grasse, faisant de son secrétaire, José Martinez, son héritier. La disparition de Consuelo, enterrée au Père-Lachaise auprès de Gomez Carrillo, renforça un temps encore l'image d'un Saint Exupéry libre de toute attache conjugale et livré en héros à son destin.

La publication du tapuscrit retrouvé de Consuelo dans les malles de son retour de New York, qui n'avait pas été dépouillé jusqu'alors, constitue un véritable coup de théâtre du centenaire de la naissance de Saint Exupéry. Les lecteurs d'Antoine découvrent soudain qu'il avait une femme, qu'elle le suivait partout, qu'il n'a cessé de lui écrire la passion qu'il éprouvait pour elle. Le livre devient l'événement majeur de la commémoration. Le succès est immédiat ; traduit aussitôt en vingt-sept langues, l'ouvrage fait le tour du monde. Un an après, les *Lettres du dimanche*, écrites à partir de 1943 et qu'elle avait laissées en attente pour les lui lire à son retour, sont aussi publiées. Plus attachantes encore que les *Mémoires de la rose*, elles disent et résument en quelques lignes l'amour inouï qu'ils se portaient.

« Il n'y a que toi, parce que tu es le pain de ma vie, le sel de ma terre et que tu me nourris », écrivait Saint-Exupéry. À quoi Consuelo n'avait toujours su que répondre : « J'ai un grand port dans ma vie, TOI, et j'y débarque à n'importe quel moment, par tous les temps, parce qu'il m'accueille quand je veux, et béni soit Dieu qui t'a fait et mis sur mon chemin".

Dessin de Consuelo se représentant attachée à « l'ours brun », comme elle appelait Antoine.

34

etait d'accord sur notre mariage qui devait etre
un maringe pour toute la vie. Il me demandait
d'etre une grande fille et de prendre soin de
son coeur. Je remis cette lettre avec l'autre dans
ma poche et elles (continuerent a gemir) toutes
les deux pendant que je marchais.

Je sortis de l'hotel. Je monologais dans la
rue, je regardais en face de moi son visage tendre,
ses yeux noirs, ronds et penetrants. La derniere
fois que je l'avais vu eveille, apres des nuits et
des jours de vol, il etait frais et souriant comme
un ange apres avoir traverse une nuit d'orage,
il etait pret a danser ou a voler de nouveau. (Il
etait vraiment une force de la nature.) Il pouvait
manger une fois par jour ou pas du tout; il pouvait
boire un tonneau de liquide ou rester plusieurs
jours sans une goutte d'eau. Il n'avait comme
horaire fixe que les orages dans le ciel et la
tempete dans son coeur. Une fois, arrivant a mon
hotel et me voyant prendre un verre d'eau, il
s'exclama en riant: Ah! je sais ce qui me manque,
depuis hier je n'ai rien bu". Versez moi a boire.

Tapuscrit des *Mémoires de la rose*

« Tu as raison,
la vie est curieuse
à vivre. Elle nous tient
par les cheveux.
Mais vivre pour vivre
est magnifique »
Consuelo

Unis su

Pour préparer une exposition des archives de Consuelo de Saint Exupéry, José Martinez, son hériter, a fait enlever le cadre qui protégeait ce tableau d'Antoine de Saint Exupéry que conservait sa femme. Il eut l'émotion de découvrir au dos un portrait de Consuelo. Le couple était ainsi uni sur la toile.

a toile

« Mon mari,
mon éternel mari. »
Consuelo

Citations

• Toutes les citations de Consuelo sont extraites des *Mémoires de la rose*, Plon, 2000.

Les citations d'Antoine de Saint Exupéry sont extraites des ouvrages suivants :
p. 10 : Lettre d'Antoine de Saint Exupéry à Louise de Vilmorin, in *Autographes et documents historiques*, Catalogue n° 316, Librairie de l'Abbaye, 2005.
pp. 12, 13, 14, 18, 69 : *Lettre à sa mère*, Éditions Gallimard, 1984.
pp. 128, 158 : *Courrier Sud*, Éditions Gallimard, 1929.
pp. 84, 92, 96, 101, 116, 119, 123, 130, 132, 142, 144 : *Écrits de guerre*, Éditions Gallimard, 1982.
pp. 21, 102 : *Terre des hommes*, Éditions Gallimard, 1939.
pp. 10, 22, 30 : *Saint Exupéry*, Archives nationales, 1984.

Convention d'édition

La transcription des lettres respecte le style hésitant de Consuelo, qui maîtrise parfois mal le français, mais en corrige l'orthographe.

Transcription des lettres
illustrée par les œuvres de Consuelo

p. 36

LETTRE DE CONSUELO À ANTOINE,
ÉCRITE À BORD DU *MASSILIA*

Tonnio, mon amour
Je suis malade, j'ai la fièvre !
Tu es bien, mon amour, dis-moi ce que tu fais.Travailles-tu à ton nouveau roman ? Je veux te téléphoner de Rio. J'ai mal ! Ah ! Je veux que tu envoies quelques pages de ton roman, pour choisir avec Crémieux et le faire publier. Veux-tu me faire ce plaisir ?
Je t'embrasse
Consuelo

p. 47

LETTRE D'ANTOINE À CONSUELO (EXTRAITS)

Plume d'or chérie,
Il souffle un grand vent, qui soulève le sable. Tout le désert pousse et n'a point de forme. Tu dors à deux mille kilomètres de moi dans une villa bien en paix mais moi j'écoute à travers les planches de notre baraque les vieilles plaintes que chaque vent de sable remue.

pp. 48-49

LETTRE DE CONSUELO À ANTOINE

Mon Ketzal,
Vous êtes déjà dans le ciel, mais je ne vous vois pas. Il fait nuit, et vous êtes encore loin. J'attendrai le jour. Je dormirai pendant que vous vous approcherez de notre maison. J'irai au terrain vous attendre. Mon mari chéri, déjà votre moteur ronfle dans mon cœur. Je sais que demain vous serez assis à cette même table, prisonnier de mes yeux. Je pourrai vous voir, vous toucher… Et la vie à Casablanca aura un sens pour moi. Et mes difficultés de ménage une raison pour le souffrir. Et tout, tout, mon oiseau sorcier, sera beau parce que vous me chanterez : « Que Dieu veuille dans sa grandeur te protéger ».
Plume d'or.

***Gitaniolos*, peinture sur carton, 1961.**

p. 50

LETTRE D'ANTOINE À CONSUELO

Mon trésor bien-aimé,
Tu me manques trop. Si je peux j'irai te voir dimanche. J'espère que tu es heureuse et fais la sieste au soleil. Et que ma petite maman te soigne comme si c'était moi. Et que tu deviens de plus en plus belle.

p. 52

LETTRE DE CONSUELO À ANTOINE, ÉCRITE DE SAINT-MAURICE-DE-RÉMENS.

Mon Tonnio,
Je suis installée dans la plus chambre de maison. Maman l'avait préparée pour nous deux. Il faut que tu viennes un peu auprès d'elle. Ton livre et ton portrait l'ont consolée de ne pas recevoir tes lettres.
Je suis très bien ici, mais loin de toi, je ne suis pas contente. Et toi, mon amour ? Je tâcherai

de rester ici quinze jours, pas plus. Maman attend grand-mère, tante Mad, oncle X, deux personnes anglaises et Didi et Cie, et je n'aime pas être obligée à certaines politesses journalières que l'on doit à la famille.
Je te prie de te soigner soigneusement, pense que je suis déçue de ne pas aller vivre avec toi au Maroc car, à Paris, les amis nous volent constamment l'un à l'autre.
Excuse-moi de t'écrire à la machine et laisse-moi t'embrasser autant que je le désire.
Consuelo

LETTRE D'ANTOINE À CONSUELO (EXTRAITS)
Mon amour,
Voilà trois jours que je suis ici. Tout est bien calme : les hangars, le terrain, les bureaux. C'est un été paisible où les courriers se passent bien. Que Paris est loin et tous ses drames, dont ici on ne s'occupe pas. Sous les fenêtres des bureaux, on cultive les capucines qui sont en fleurs.

p. 56
LETTRE DE JEAN PAULHAN
À ANTOINE DE SAINT EXUPÉRY
Vendredi 17 octobre
Cher Monsieur,
Ne me donnerez-vous pas bientôt, pour la NRF, le récit dont vous avez parlé à vos amis ? J'en suis très impatient.
Je voudrais pouvoir donner aussi le récit de l'accident des aventures de M. Guillaumet. Est-ce possible ? Et ne voudriez-vous les lui demander pour moi ?
Avec mes meilleurs souvenirs
Jean Paulhan

p. 65
LETTRE DE CONSUELO À ANTOINE
Minuit
Bonne nuit Tonnio
Je suis rentrée parce que vous me l'avez demandé. Pourquoi dois-je rentrer seule avec mes dernières plumes d'oiseau, idiot ? J'ai si froid, je me couche bien triste, peut-être qu'un ange viendra me voir pendant mon sommeil. C.

p. 74
LETTRE DE JEAN PAULHAN À CONSUELO
Chère Consuelo,
Toutes les feuilles ouvrent déjà leurs yeux. Que le printemps achève vite de vous guérir ! J'ai été heureux des bonnes nouvelles de vous, qui de temps à autre ne parviennent. Je vous vois bien déjà guérie, et volante. À bientôt. Si l'on vous permet de lire, je vous enverrai un petit livre de fables.
Jean Paulhan vous embrasse.

p. 76
LETTRE DE CONSUELO À ANTOINE
Il fait une nuit lourde, je crois t'avoir avalé tout entier parce que j'ai le cœur gros et qu'il est difficile de respirer.
Mon mari chéri, je n'ai pas d'autre ami qui me comprenne et sache m'aimer selon mon désir.
J'ai un grand secret qui me torture, je vous le confierai : je vous aime. Je vous aime, monsieur chéri. Quand je suis malade et indifférente avec vous, il ne faut pas m'en vouloir, en ce moment, je suis fatiguée. J'ai honte de vous dire : je suis malade, je suis faible et quand je n'en peux plus, je ne suis plus moi-même, je n'ai plus de vraies réactions. J'ai forcé après mon opération et je le paie. Mais je suis consolée quand je me rappelle votre promesse de me consoler des nuits et des nuits entières, si j'en avais besoin. Mon mari, je lutte pour vous former une petite femme forte, belle, intelligente et bien à vous.

p. 102
LETTRE DE BERNARD ZEHRFUSS À CONSUELO
15 janvier, Avignon
J'ai passé la soirée avec un aviateur qui s'occupe des sports et qui, en 37, à Bamako, a vendu une jeune lionne à monsieur ton époux, qui peut-être te destinait ce présent tumultueux. Il m'a parlé par hasard de cela, alors que je ne lui de-

***Bevin House*, peinture sur papier, 1943.**

mandais rien, et longuement ensuite du vent de sable et de toutes les histoires du désert, mais cela ne valait pas le récit de tes deux gazelles qui, un jour, sont parties, pour ne plus revenir…
Je suis, ce soir, dans un hôtel très chauffé, et j'ai mangé un lapin à l'ail, comme tu n'en mangeras pas pendant quelques temps. Plaisir de célibataire !
Mon chéri, on m'a dit beaucoup de bien de ton mari ce soir. Pourquoi faut-il que tu sois la femme de ce grand homme ? Te rend-il heureuse ? Dis-moi ça très franchement. Je me souviens qu'au début tu me disais 50 pour cent, après (à Avignon) 70, plus tard près de ton départ tu étais revenue à 50, dis-moi qu'elle est la cote à présent. Toi, pour moi, tu es cent pour cent, et il n'y a pas une pensée dans ma vie qui s'écarte de ton visage.
Mais je voudrais te voir, je commence à avoir peur de parler sans cesse à cette femme silencieuse qui devient une chose irréelle et dont les traits s'estompent lentement.
Parle-moi, je t'en prie, Carillita, parle-moi un peu comme je te parle ce soir. As-tu soudain tout oublié, as-tu fait une pirouette (comme le jour de ton départ, ma dernière image, je n'ai pas aimé cela) et t'es-tu lancée vers une autre route, vers quelque lointain mirage ? J'ai très mal, tu sais, j'ai le cœur qui se déchire, viens à mon secours…
16 janvier
Je travaille encore à Avignon toute la journée. Je ne perds pas de temps, il le faut. J'espère que mon télégramme va t'arriver et que tu vas vite me répondre mais ce sont des lettres que je

***Etna*, peinture sur toile, 1962.**

veux, tu devais m'en écrire de très longues et de très belles. Je me suis souvenu aujourd'hui d'une de nos premières soirées, celle où j'ai dû te raccompagner à La Pomme et où nous avons cherché le château. Je m'en veux encore terriblement de ce soir-là. Notre vie n'a-t-elle pas été ainsi ? Nous avons couru de tout côté à la recherche d'un lieu très rare (que nous n'avons pas trouvé) à bout de souffle, je t'ai laissé partir et cela fait mon désespoir. Mais n'oublie pas que le lendemain de cette aventure d'Air-Bel, j'ai su te retrouver. Je t'aime. Bernard

p. 129

LETTRE DE CONSUELO À ANTOINE

Lake George, fin juin, le jour de ton anniversaire

Mon amour,

Je me suis réveillée à 6 heures ce matin. J'ai couru en pyjama jusqu'au lac, pour tremper mes pattes. L'eau est bonne. Un soleil amarante arrive par-

derrière la montagne voisine. Et je songe à toi, mon aimé. Et je suis heureuse de te penser, de te rêver. Malgré la peur que j'ai de te savoir le plus vieux pilote du monde, mon chéri, si tout les hommes te ressemblaient.

Je dois courir jusqu'au village, à une petite église catholique où l'on dit la messe à 7 h 30 tous les jours, et c'est la seule messe ici. Très peu de cathédrales et très peu de prêtres catholiques. Je veux aller m'asseoir dans les banquettes abandonnées de l'église, aujourd'hui, jour de ton anniversaire, c'est tout ce que je peux te donner. Alors je cours, mon mari, et je dois m'habiller, j'ai une demi-heure de marche à pied jusqu'à l'église. À bientôt, si je ne vous vois plus dans cette planète, sachez que vous me trouverez près du Bon Dieu vous attendant pour de bon !

Vous êtes en moi comme la végétation est sur la terre. Je vous aime, vous mon trésor, vous mon monde

Votre femme Consuelo, 29 juin 1944.

p. 131

LETTRE D'ANTOINE À CONSUELO (EXTRAITS)

Chéri, je dois encore te dire ces gens qui en haïssent d'autres. Poussin, je ne crois plus guère en les hommes. Poussin chéri, je n'en peux plus, je n'en peux plus. Poussin à plumes toutes de travers soyez-moi un peu fontaine et jardin. Poussin chéri, il faut bien que je puisse chérir quelque chose sinon je me sens léger, léger, si léger que je puis m'envoler.

p. 134

LETTRE DE CONSUELO À ANTOINE

J'ai une terreur dès que je t'écris. Comment faire pour que mes lettres t'arrivent ? J'en donne une douzaine à Wencelius. Que le ciel te les porte avec toutes mes prières et mes baisers.

Pimprennelle

p. 135

TÉLÉGRAMME DE CONSUELO À ANTOINE

Vos télégrammes m'ont sortie lit où j'étais de-

puis un mois. Tu es ma seule musique. Deux mois sans lettres de toi. Tes silences me perdent. Mon unique horizon c'est notre amour et ton travail te supplie commencer ton grand roman. Amis et éditeur l'attendent comme j'attends ton retour. Pleure tellement ton absence. Peut-être mes yeux ne déchiffreront pas ta petite écriture, mais j'écouterai l'admiration et les louanges des amis qui t'attendent fidèlement. Mon seul cadeau de Noël a été tes télégrammes. Ma fête a commencé te préparant doucement ton lit puisque Dieu veut bien que tu arrives bientôt. T'embrasse bien fort.
Consuelo Saint Exupéry

p. 137

LETTRE D'ANTOINE À CONSUELO (EXTRAITS)

Ma petite femme chérie, je veux te dire combien j'ai pu être heureux à North Port. Je le comprends aujourd'hui sereinement. Ç'a été là, peut-être, le dernier paradis de ma vie. Ma petite femme chérie vous me faisiez un grand feu de bois que je pouvais respirer de tout mon cœur, sans amertume ni remords ni regrets.

p. 138

LETTRE D'ANTOINE À CONSUELO (EXTRAITS)

Petite Consuelo chérie
Mon petit rat à plumes, ma pimprenelle, ma petite femme un peu folle, mon chéri, que devenez-vous ? Vous me manquez. Vous me manquez vraiment, en profondeur, comme une source d'eau fraîche. Et cependant Dieu sait combien vous êtes insupportable et violente et injuste, mais il y a derrière tout ça une petite lumière tranquille, une si gentille tendresse, une épouse. Petite Consuelo chérie, vous êtes ma femme pour la vie jusqu'au dernier souffle.

p. 140

MANUSCRIT D'ANTOINE DE SAINT EXUPÉRY (JANVIER 1944)

Prière que doit dire Consuelo chaque soir
Seigneur ce n'est pas la peine de vous fatiguer beaucoup. Faites-moi simplement comme je suis. J'ai l'air vaniteuse dans les petites choses, mais dans les grandes choses, je suis humble. J'ai l'air égoïste dans les petites choses mais dans les grandes choses, je suis capable de tout donner, même ma vie. J'ai l'air impure, souvent, dans les petites choses, mais je ne suis heureuse que dans la pureté.
Seigneur, faites-moi semblable, toujours, à celle que mon mari sait lire en moi.
Seigneur, Seigneur, sauvez mon mari parce qu'il m'aime véritablement et que sans lui je serais trop orpheline mais faites, Seigneur, qu'il meure le premier de nous deux, parce qu'il a l'air, comme ça, bien solide, mais qu'il s'angoisse trop quand il ne m'entend plus faire du bruit dans la maison. Seigneur, épargnez-lui d'abord l'angoisse. Faites que je fasse toujours du bruit dans la maison, même si je dois, de temps en temps, casser quelque chose.
Aidez-moi à être fidèle et à ne pas voir ceux qu'il méprise ou qui le détestent. Ça lui porte malheur parce qu'il a fait sa vie en moi.
Protégez, Seigneur, notre maison,
Votre Consuelo
Amen

p. 143

LETTRE DE CONSUELO À ANTOINE

Mon papou,
Depuis que vous avez quitté Alger, je ne sais rien de vous. La guerre vous occupe, comme tout le monde. Vous n'avez pas besoin de me rassurer, de me chérir par lettre au moins. Je suis malade, angoissée de ton silence. Je croyais que mes peines étaient finies pour toujours. Parlez-moi Tonnio, c'est horrible ces vides, ces abîmes que tu sais ouvrir entre nous deux. Mon petit, fais-moi confiance car je vais bientôt mourir. Ma tête travaille si mal. Aidez-moi, écrivez-moi. Il n'y a plus de lettres pour moi ? Chéri, je vous embrasse. Je souffre. Je ne sais pas où aller. Donnez-moi vite vos bras, que je sois tranquille, que je sois un petit morceau de vous.
Consuelo

Les deux lettres suivantes de Consuelo de Saint Exupéry ont été publiées sous leur forme tapuscrite dans les Lettres du dimanche *(Plon, Paris, 2001). En effet, dans les mois qui suivirent la disparition de son mari, Consuelo avait pris l'habitude d'écrire à Antoine de Saint Exupéry des lettres qui reprenaient parfois des courriers antérieurs. Nous publions ici les transcriptions des deux lettres, sous leur forme première et manuscrite, plus courtes de quelques paragraphes.*

pp. 144-145
LETTRE DE CONSUELO À ANTOINE
2 Beekman Place, New York City
Mon Tonnio, mon chéri,
Je suis dans le petit salon de Bevin House, Le Petit Prince là sur la table où il est né. Je suis seule avec Annibal et ma vieille nurse Antoinette. Je la garde parce qu'elle a pleuré avec moi ton départ. Chaque mois je pense à la renvoyer, pour faire des économies, mais elle est encore là. Je ne saurai jamais avoir de l'argent à la banque. Je ne suis pas fière de te dire ça. Je tiens si peu aux choses de la Terre, à la Terre même ! Mon aimé, quand reviens-tu ? Je sais mal t'écrire, j'enlève mes lunettes à chaque phrase, à cause des larmes, mais ici, dans ton bureau de l'année dernière, je te sens plus près de moi. Tout est pareil dans la maison. Le petit arbre à boules rouges sur la cheminée, la grande sphère dans le salon. Et Annibal plus grand, plus sage, dort. Je me console comme je peux, je prie souvent pour nous deux. Toi, chéri, demande à tes étoiles amies de nous protéger, de nous réunir.
Tu m'as appris une bonne chose, il faut être aussi un peu solide avec moi, dur avec moi, je crois parfois perdre raison, tu sais bien pourquoi ? C'est de te savoir en constant danger. Dans le train parfois je sanglote comme une jeune fille qui vient de quitter son fiancé soldat qui part pour la guerre. Rougemont m'aide de son mieux. Il vient comme d'habitude son jour de repos. Il m'a donné 100 dollars pour payer le loyer d'ici – mais sans téléphone, et les taxis sont très chers. Les invités

***Denis de Rougement*, Non datée.**

trouvent la maison trop loin, les premiers mois, j'étais heureuse de cela, mais Rouchaud m'a conseillé de partir ailleurs, de m'entourer un peu de jeunesse. Par moments je les inquiète avec mes silences, mais c'est le seul fil qui me ramène à toi. Je t'écris beaucoup, mais une fois les lettres dans l'enveloppe, je les déchire, elles ne peuvent pas dire tout ce que je veux te donner, tu le sais déjà, mon mari, et je ne t'ennuierais plus à te le raconter.
Mon Tonnio, je ne veux pas que vous soyez triste, je ne veux pas que vous soyez seul comme un papillon qui n'a pas de fleurs. Mon bien-aimé, puisque vous me donnez le pouvoir de soigner ton cœur, ton corps, prends tout mon parfum, toute mon âme. Fais avec une brise qui rafraîchisse ton visage, qui caresse tes mains que j'aime tant !
Chéri, moi aussi dans l'éternité, je t'attendrai sagement, si je pars la première, mais Dieu est bon, et il peut nous voir ensemble, parce que je lui

ai demandé la paix et l'amour pour ma maison. La maison de Tonnio et de Consuelo, notre maison, aussi humble qu'elle puisse être, sous un arbre avec mon mari et mon chien, je chanterai tous les soirs et tous les jours et je serai bonne pour les passants, et tu arracheras aux étoiles des poèmes de justice et de lumière pour les peuples anxieux ou inquiets. Et je te rôtirai des oiseaux et des fruits doux et je te donnerai mes mains pendant le sommeil pour ne pas être séparée de toi. Reviens mon amour.
Je ne sais pas si mes lettres t'arrivent. J'ai en reçu seulement trois de toi. Je te demande de me dire si tu envisages ma venue en Afrique, si je pouvais être plus près de toi – Pour être seule, non ! Je suis très faible – après mon accident de la tête, j'ai des vertiges, dès que je tourne la tête. Et je ne me m'accommode pas facilement aux têtes nouvelles – j'en ai grande crainte – sûrement c'est ton absence !
J'aime tes lettres, je rentre dans le plus beau de moi-même, dans le plus divin que le ciel m'a per mis de goûter. Je te suis reconnaissante. Je te crois.
Tu reviendras, mon époux guerrier, tu reviendras à moi, tu reviendras à la vie, aux amis, à faire un beau livre que tu m'offriras pour les anniversaires sans fin que nous aurons encore sur cette planète.
J'ai trouvé dans ta lettre l'odeur de nos premières joies, de nos premières rencontres, de nos premières affections. Et surtout l'amour complet que tu voulais bien me donner dans nos premières années de mariage. Merci mon mari. Reviens me le donner. Et si le ciel m'aide je saurai le garder. Reviens chéri.
(On adore *Le Petit Prince*)
Je te quitte, je vais mal, et toujours les porteurs de lettres sont pressés. Et je n'aime pas t'envoyer de vieilles lettres écrites dans les nuits veuves, je te chante ma seule chanson, mon seul chant d'amour pour toi. Je t'embrasse d'un si grand baiser jusqu'à ton retour.
Ta femme. Consuelo

p. 147
TÉLÉGRAMME D'ANTOINE À CONSUELO
Consuelo bien aimée. Suis absolument désespéré par Noël loin de vous Stop Lettre seule consolation dans amertume immense Stop Seule joie dans la vie sera vous revoir Ai vieilli cent ans de penser à vous et vous aime plus que jamais. Antoine de Saint Exupéry.

p. 147
TÉLÉGRAMME DE CONSUELO À ANTOINE
Votre lettre juin me fait pleurer de joie. Voudrais vous toucher avec mes mains. Vous supplie soi gner mon mari et me le ramener tout entier. Votre Consuelo Saint Exupéry

p. 148
LETTRE D'ANTOINE À CONSUELO (EXTRAITS)
Des jours affreusement tristes, j'ai passé loin de toi.
Ne me laissez jamais sans nouvelles. C'est le pain de mon cœur.
Oh Consuelo, je reviendrais bientôt dessiner partout des Petits Princes...
Consuelo, je vous aime Antoine

p. 151
LETTRE DE CONSUELO À ANTOINE
Le 22 février 1944
Tonnio, mon poisson volant, mon papillon unique, mon amour, ma boîte magique,
Votre dernière lettre, je l'ai déjà apprise par cœur, il m'en faudrait bien d'autres pour adoucir mes longues journées d'attente, d'inquiétude.
Malgré mes efforts de travail, je me demande, au milieu du tableau que je suis en train de faire, à quoi bon, pour qui cette peinture, qui peut-être n'est même pas belle. J'ai trouvé un moyen de tricher avec mes angoisses.
Je parle avec votre portrait qui est en face de moi. Il a un mètre carré. Vos yeux sont des lacs profonds, je peux mettre ma main sur votre bouche, pourtant elle est si petite en comparaison de celle du tableau.

Je me rappelle ton sourire, et je crois que c'est bien l'enchantement de ton rire qui m'a fait ton épouse pour la vie. Personne ne sait rire comme toi. Je sais que ce n'est pas un rire comme les autres rires, tu sais bien ce que je veux dire. Pour moi c'est une grâce, une façon de dire merci aux jolies choses de cette terre. C'est comme le fruit de l'arbre. Ton sourire embaume mon cœur et si j'étais un mage je le mettrais toujours pour que le rythme de ta petite bouche soit éternel.

***Les Musiciens*, peinture sur toile, 1955.**

Depuis un mois, je n'ai point reçu de tes nouvelles. Et un peu plus même. Je me rappelle que c'était la première semaine de janvier que j'ai reçu le grand cadeau de ta longue lettre où sont les pensées pour Consuelo, les portraits de Consuelo, la prière pour Consuelo, l'amour pour Consuelo.
Mais je dois me prendre la tête à deux mains, les nuits, les jours, les heures vides, les heures tumultueuses pour me convaincre que tu existes quelque part réellement et qu'un jour tu viendras me toucher de tes mains, pour effacer mes rides, mes craintes, peut-être guérir ma folie. Sache bien que je passerai ma vie à t'attendre, même quand je n'aurai plus de mémoire.

Je suis bien tes conseils, mon mari. Je me soigne, je me conseille sagement, je veux croire à notre paix, à notre bonheur pour le reste de nos jours. Mais je suis sans nouvelles de toi, mon squelette tremble de doute, je deviens pâle, fébrile, je ne peux plus peindre, Rien ne m'intéresse sur terre. Je suis toute neuve.
Consuelo
As-tu reçu une photo de moi ? Envoie-m'en une de toi.

p. 159
Poème de Consuelo en hommage aux pilotes de l'Aéropostale
Les amis
Une foule de bras l'enserrraient
François, la petite Madeleine,
Et Moisi, la fileuse de laine,
Yuti, le petit chien chinois,
Que l'on disait fils de roi,
Barke, l'esclave libéré,
Qui chaussa d'argent tréfilé
Tous les enfants de Marrakech
Et lors mourut de mal dêche
Et tous les pilotes d'Afrique
Ceux de Dakar et de Saint-Louis,
Et d'Agadir et de Juby ;
Et les pilotes d'Amérique
Qui s'accoudaient à tes fontaines
Pont Arenas, forçaient la chaîne
Des Andes, quand leurs sommets
Rendaient Mermoz et Guillaumet.

p. 161
Lettre d'André Rouchaud à Consuelo
New York le 4 septembre
Mon enfant chéri,
Je ne crois pas un mot de l'histoire attribuée à Valiquette. Je trouve ta petite lettre brumeuse et cafardeuse, ce matin. Je suis rentré cette nuit de North Sanbornton, où j'ai passé quatre jours à la ferme de mon ami Fourel. J'étais bien écartelé entre mon désir d'aller passer quelques moments avec toi et celui de ne pas faillir à des amis

fidèles chez qui j'ai passé mes vacances chaque année depuis 1941. Rien ne m'attriste autant que la muflerie ; et maintenant que je sais que je passerai toutes mes vacances en France, je n'aurais pour rien au monde lâché mes amis pour le dernier été. Il a fait beau, il a plu, il y a eu un orage d'une étonnante beauté, et hier il faisait froid. Un vrai froid sous un clair soleil.
Il fallait que j'aie une lettre de toi aujourd'hui. J'ai pensé à Tonio et à toi, pendant ces quelques jours, plus que jamais. C'est là-bas, l'an dernier, que la nouvelle désastreuse m'avait atteint. Pourtant, au moment où les journaux l'ont donnée, je n'y ai certes pas cru. Mon espoir a duré autant que le tien. Vendredi dernier, devant la cheminée où brillait un grand feu, j'ai parlé de lui, pendant des heures, à mes amis Fourel, qui sont de ceux qui savent qu'il avait du génie.
Je verrai Gaston. Je lui dirai ce que je pense et ce que je sais. Je n'ai jamais forcé la vérité lorsque je t'ai parlé de ce que je savais, pour l'avoir entendu de lui, des sentiments de Tonio pour toi. Il disait « ma femme » comme un paysan dit « ma terre », avec un ton de possession qui ne se joue pas. Je l'ai vu terrifié à l'idée qu'il pouvait te perdre, lorsque tu délirais après que le Nègre t'eut aux trois quarts tuée. Et le dernier message dont il m'a chargé, c'était d'aller te dire qu'il t'aimait. [...]
Je regrette à présent de n'avoir pas accepté la clé que Tonio voulait me confier. Et je me demande combien nous sommes aujourd'hui, de ses soi-disant amis, à placer, par-dessus toute préoccupation le concernant, la détermination de respecter et de faire respecter sa pensée pour ce qui est du temporel.
Je verrai Gide. Je lui dirai aussi ce que je veux qu'il sache. Ce que je voudrais bien te voir faire, c'est fermer l'oreille qui te reste aux bobards qui te déchirent. Il me semble que si j'étais toi, j'interdirais qu'on me parle de Tonio. Votre vie tempêtueuse a eu ses heures brûlantes et cela, personne ne peut te l'enlever.
Je pense que je serai encore ici quand tu rentreras. J'ai mes permis français, aller et retour, mais pas encore le *reentry permit* américain. Je t'embrasse, femme de Tonio, de tout mon cœur.
André Rouchaud

p. 162

PRIÈRE ÉCRITE PAR CONSUELO
LE PÈRE DES ROSES
Notre père du ciel, Vous qui êtes dans tous les jardins.
Faites qu'aux étoiles les roses donnent leur parfum pour guider sur cette terre noire des canons les pas de nos soldats jardiniers jusqu'à leurs maisons.
Je te prie, Seigneur, Père des roses, aidez-les à écouter nos cœurs jusqu'à nous retrouver dans tous vos jardins.
Ainsi soit-il, amen
La Rose du Petit Prince

p. 163

PROJET DE LETTRE DE CONSUELO À L'ÉDITEUR AMÉRICAIN DU *PETIT PRINCE*
I would like to write myself the complete dialogue between the pilot and the Petit Prince, to be able to introduce three new designs from my husband, Antoine de Saint Exupéry, as well as three new adventures of the Petit Prince, I am the only one to know, because my husband did not include them in the book.
Of course, if you are interested, I shall ask you for a new proposition for these designs with inedites stories and dialogues.
Traduction
J'aimerais écrire les dialogues complets entre le pilote et le Petit Prince, ce qui permettrait de mettre trois nouveaux dessins de mon mari, Antoine de Saint Exupéry, ainsi que trois nouvelles aventures du Petit Prince, que je suis la seule à connaître, parce que mon mari ne les avait pas mises dans son livre.
Bien sûr, si vous êtes intéressé, je vous ferai une proposition pour ces trois nouveaux dessins avec les dialogues et histoires inédits.

p. 164

LETTRE DE CONSUELO DE SAINT EXUPÉRY
POUR LA REVUE *ICARE*

Consuelo a confié à cette revue de l'aviation française un certain nombre de documents inédits destinés à être publiés dans des numéros spéciaux consacrés à Antoine de Saint Exupéry. La parution de ces documents a été accompagnée de ce texte rédigé par Consuelo.

Je n'ouvre jamais sans trembler ces coffres et ces dossiers où s'entassent les lettres, les câbles et les dessins de mon mari.
Ces messages chargés de tendresses vivantes et de secrets révolus ont l'odeur tragique et merveilleuse du passé.
Ces feuillets jaunis, étoilés de hautes fleurs et de petits princes sont les témoins fidèles de ce bonheur aboli dont je mesure un peu plus fort chaque année les grâces et les privilèges.
Antoine était le seul homme au monde capable d'imprégner un télégramme d'un courant magnétique de lyrisme personnel. Ces signes et ces lettres collés entre les papiers bleus anonymes parlaient avec sa voix. J'y retrouve aujourd'hui encore les caresses, les éclats et les inflexions de cette voix qui savait allier comme personne les secrètes magies de l'enfance aux grands rêves ailés des hommes.
Et c'est parce que aujourd'hui encore, aux quatre coins du monde, les enfants et les hommes s'enchantent des songes et des musiques d'Antoine de Saint Exupéry que je me résigne à livrer des bribes de mon trésor.
Quand ces messages m'étaient adressés, il y a vingt ans, ils étaient ma propriété.
Ils sont devenus un patrimoine.
Consuelo de Saint Exupéry

p. 167

PLAN DES *MÉMOIRES DE LA ROSE*
Période Les Martigues
1- Rencontre – grande conversation vers l'aérodrome – Vol sur Buenos Aires – Premières nuits – Vol –
2 – Révolution – Frigoyen tombe – Contre-révolution – Les hôtels – Danger feu. Il me déménage
3- Lettre d'amour – Parler de *Vol de nuit* – Crémieux me parle de son talent d'écrivain il me conseille d'accepter ses propositions – Lecture de sa lettre
4 – Fiançailles – Enthousiasme – Arrivée sur le terrain du pilote renvoyé – Premières angoisses
5 – Dans la chambre des enfants terribles – Je souffre du retard de notre invitée au mariage – « Sa mère » – À la mairie il pleure – Je renonce à l'épouser – Je décide de repartir à L... Joie !
6 – Sa mère a enfin pris le bateau – Mais je pars pour Paris – Il ne le croit pas il est calme « Maman arrivera bientôt » – L'embarquement – Les amis d'Enrique me donnent des fleurs et du courage !
7- A Paris, 10 rue Castellane – Lucien m'attend mais en parlant il commence à comprendre mes explications...

Sculpture du Petit Prince

Table des illustrations

Photographies Archives José Martinez-Fructuoso : p. 10 h, 11, 13 h, 14, 15, 16 bg, 24, 25, 26, 28 b, 29 h, 30, 31 b, 33 h, 34, 39, 41 b, 42 hd, 43, 45 h, 46, 47 h, 51, 53, 54 h, 61, 69, 70, 73 h, 75 h, 81, 83 b, 84, 85, 86, 87, 88, 89, 90 hg, 91 h, 92 h, 95, 100, 103 h, 104 h, 106, 108, 110, 111, 113 h, 118, 125 h, 126, 127, 128, 130, 131 b, 136 b, 139, 141, 164, 169.

Philippe Fuzeau/Archives José Martinez Fructuoso : p. 10 b, 16 bd, 17 b, 19 h, 20 b, 22 b, 23, 27, 29 b, 31 h, 32, 33 b, 36, 37, 38, 40, 41 h, 42 hg, 44, 45 b, 47 b, 48, 49, 50, 52, 54 b, 55, 56, 57 h, 58 b, 59 b, 62, 63 h, 65 b, 66 h, 68, 72, 73 b, 74 g, 76 b, 78, 79, 82, 83 hd, 90 hd, 93, 94, 96, 97, 98 d, 99, 100 h et bg, 102, 103 b, 104 b, 105, 107, 109, 111 b, 113 b, 114, 115, 116 h, 117 b, 118 b, 119, 120 d, 122 h, 123, 129 b, 130 b, 134 b, 135, 137 b, 138, 140, 143, 144, 145, 146, 147, 148, 149, 150, 151, 154 h, 155, 158 b, 159, 160, 161, 162, 163, 166, 167, 169, 170, 171.

Jérôme Pecnard/Archives José Martinez Fructuoso : p. 19 b, 28 h, 42 b, 58 h, 59 b, 60 b, 63 b, 74 d, 80 b, 98 b, 101 bd, 112, 116 b, 117 h, 120 g, 121, 122 h, 124, 125 b, 152, 154 b, 156, 157, 158 h, 165.

The Fondation John Phillips : 129 h, 130, 131 h, 132, 133, 135, 137 h, 139, 140, 142, 144, 147, 148, 153.

Coll. Léon Werth : p. 63 d, 64.

Coll. Roger-Viollet : 12, 13 b, 16 h, 18, 20 h, 21 h, 22 h, 35 h, 67, 71, 76 h, 80 h, 83 hg.

Musée de l'Air et de l'Espace : p. 17 h, 60 h.

Collection musée Air France : p. 21 b, 35 b.

Rue-des-Archives : 65 h, 98 h.

Agence Rapho : p. 57 b, 59 h.

Agence Keystone : 66 b.

Telimage/Man Ray/ADAGP : p. 75b.

DR : 77.

Remerciements

Jean-Pierre Guéno, qui a eu l'idée de cet ouvrage ; Michel Polacco, qui a engagé France Info à nos côtés ; Claude, Sylvaine Werth et les éditions Viviane Hamy pour leur bienveillance ; la fondation John Phillips et son président, M. Cairone, pour leur efficacité ; Mme Modiano pour la lettre de Bernard Zehrfuss ; Pascale Monmarson-Frémont et Sonia Ountzian, du musée Air France, pour leur grande disponibilité ; Muriel Beyer, l'éditrice des *Mémoires de la rose* chez Plon, pour sa confraternité ; Martine Martinez pour sa connaissance des archives de Consuelo et son soutien ; Jean Lecouteur pour les photos d'Oppède.

Cet ouvrage
a été imprimé
sous la direction de Luigi Zanetti
sur les presses
de l'imprimerie Artegrafica
(groupe Graphicom)
à Vérone.
Imprimé en Italie (UE)

Dépôt légal avril 2005